Mini-lecturas
para
¡Cuéntame mucho!

A TPRS® Curriculum for Level Two Spanish

Student Reader

Carol Gaab & Teri Abelaira

Contributions from Meg Villanueva

Copyright © 2009 by TPRS Publishing, Inc.
P.O. Box 11624
Chandler, AZ 85248
800-TPRISFUN
Info@tprstorytelling.com
www.tprstorytelling.com

ISBN 978-1-934958-61-2

Table of Contents

Capítulo uno:
¡Pobre Pedro!

Mini-lectura #1 para Mini-cuento A

se tropieza/se tropezó   *se cae/se cayó*   *se pone triste*

Version 1

Una muchacha muy bella, que se llama Lisa, tiene un pelo en la nariz. Lisa se pone triste porque el pelo crece muy rápido. Lisa se lo corta y, de pronto, crece de nuevo. ¡Crece hasta el suelo! Lisa va a la escuela con su pelo largo y, de repente, se tropieza y se cae al suelo. Muchos chicos guapos la ven y, por eso, ella se pone más triste. Lisa no quiere ir a la escuela con ese pelo tan largo , así que se corta el pelo otra vez. El pelo crece muy rápido y por consiguiente, ella se tropieza y se cae al suelo. Se cae en frente del chico más guapo de la escuela. Ella se pone más triste que nunca. ¡Pobre muchacha!

Version 2

Hay una bella muchacha que se llama Lisa. Lisa es buena estudiante, pero tiene una situación que es un poco rara: Ella tiene tres pelos en la nariz y los pelos crecen muy rápido. ¡Los pelos crecen hasta el suelo y crecen más rápido que un **relámpago**[1]! Por eso, Lisa se ponía cada vez más triste. ¡Estaba muy, muy triste! Un día, Lisa se levantó y se cortó los pelos. Luego, iba a la escuela, pero los pelos crecían muy rápido. ¡Crecieron hasta el suelo! Lisa se tropezó con los pelos y se cayó al suelo. ¡Qué vergüenza!

Todos los chicos guapos de la escuela la vieron y, por eso, Lisa se puso triste. Lisa sacó las tijeras de su mochila y se cortó los pelos otra vez. Empezó a caminar, pero los pelos crecieron muy rápido y ella se tropezó con los pelos y se cayó al suelo. Todos los chicos guapos la vieron otra vez y, por eso, ella se puso más triste que nunca.

Lisa tuvo en una idea: Entró en una tienda llamada "No más pelo" y compró Nelo. Se puso Nelo en los pelos y, de pronto, los pelos cayeron al suelo. Lisa ya no estaba triste, y caminó hacia la escuela otra vez. De repente, los pelos crecieron muy rápido y Lisa se tropezó con los pelos y se cayó al suelo. Todo el mundo la vio y Lisa se puso más triste. Desesperada, agarró los pelos e hizo una bonita **trenza**[2]. Luego, caminó hacia la escuela con la trenza en la mano. Así, no se tropezó ni se cayó.

Cuando Lisa llegó a la escuela, todos los estudiantes la miraron y ella se puso triste otra vez. Los estudiantes le dijeron: "Nos gusta tu trenza. Tu trenza es bonita. Yo quiero una trenza igual". De repente, Lisa se sintió mejor y ya no estaba triste. No se tropezó, ni se cayó, ni se puso triste por el resto de su vida.

[1]**lightning**   [2]**braid**

Mini-lectura #2 para Mini-cuento A

se rompe/se rompió   *lo más pronto posible*   *le falta/le faltaba*

Version 1

Hay un hombre valiente que se llama Don Coyote. Don Coyote es un gran caballero, pero tiene un problema: Tiene que participar en una batalla, pero le falta una **espada**[1]. Su espada se rompió y sin espada, él no puede prepararse para la batalla. Es importante prepararse para una batalla porque uno se puede morir en una batalla. Por eso, Don Coyote quiere ir a una tienda de espadas, lo más pronto posible (porque a uno no le debe faltar una espada si va a participar en una batalla). Por eso, le preguntó a un anciano en la calle: "Señor, ¿Dónde está una tienda de espadas? Mi espada se rompió y ahora me falta una espada para una batalla. Por eso, tengo que ir lo más pronto posible". El anciano le dio la dirección de una tienda, y Don Coyote corrió lo más pronto posible a la tienda. Cuando llegó, ¡Don Coyote no pudo creerlo! La tienda se llamaba "Ensaladas-somos-nosotros".

[1] **sword**

Version 2

Hay un hombre valiente que se llama Don Coyote. Don Coyote es un gran caballero que celebra muchas victorias en muchas batallas. Don Coyote tiene un problema: Tiene que prepararse para otra batalla, pero le faltan las cosas más importantes: Le falta una espada, le falta un **escudo**[1] y le falta un **casco**[2]. En su última batalla, las cosas se rompieron, y sin estas cosas, él no puede prepararse para una batalla. Con Coyote piensa: "Si uno no puede prepararse para una batalla, uno no puede ganarla". Por eso, Don Coyote quiere ir a una tienda de espadas lo más pronto posible. No quiere ir lo más despacio posible, porque tiene que prepararse lo más rápido posible.

Le preguntó a un anciano en la calle: "Señor, tengo que prepararme para una batalla, pero me faltan las cosas más importantes. Me falta una espada, me falta un escudo, y me falta un casco. Necesito prepararme lo más rápido posible. ¿Dónde hay una tienda de espadas, de escudos o de cascos?" El anciano le preguntó: que pasó con tu equipaje? Don Coyote le contestó: "Todo el equipaje se rompió en la últimas batalla". El anciano le dio la dirección de una tienda y Don Coyote **montó en su caballo**[3] lo más pronto posible para ir a la tienda. Cuando llegó, ¡Don Coyote no pudo creerlo! La tienda se llamaba "Ensaladas-somos-nosotros". Don Coyote exclamó: "¡No puedo prepararme para una batalla con una ensalada!", y fue lo más rápido posible a buscar otra tienda.

Don Coyote vio a un caballero al que le faltaban los oídos y le dijo: "Señor, tengo que prepararme para una batalla, pero me faltan las cosas más importantes. Me falta una espada, me falta un escudo, y me falta un casco. Los tenía, pero se rompieron en la última batalla. Necesito prepararme lo más rápido posible. ¿Dónde hay una tienda de espadas, de escudos o de cascos?". El hombre, que no tenía oídos, le dio la dirección de una tienda de casco y Don Coyote montó en su caballo lo más pronto posible para ir a esa tienda. Cuando llegó, ¡Don Coyote no pudo creerlo! La tienda se llamaba "El Cacto exacto". Don Coyote exclamó: "¡No puedo prepararme para una batalla con un cacto!", y fue lo más rápido posible a buscar otra tienda.

Don Coyote vio a un muchacho al que le faltaba sentido común y le dijo: "Chico, tengo que prepararme para una batalla, pero me faltan las cosas más importantes. Me falta una espada, me falta un escudo, y me falta un casco. Se rompieron en la batalla de Nogales. Necesito prepararme lo más rápido posible. ¿Dónde hay una tienda de espadas, de escudos o de cascos?" El hombre, al que le faltaba sentido común y el oído bueno, le respondió: "¿Cómo?". Muy fuerte, Don Coyote repitió la pregunta: ¿DÓNDE HAY UNA TIENDA DE ESCUDOS? El hombre le dio la dirección de una tienda de escudos y Don Coyote montó en su caballo lo más pronto posible para ir a esa tienda. Cuando llegó, ¡Don Coyote no pudo creerlo! La tienda se llamaba "Pez crudo". Pobre Don Coyote no pudo prepararse para la batalla y por eso, se puso muy triste. Por eso, rompió su camisa y lloró.

   ¹ shield   **² helmet**   **³mounted his horse**

Mini-lectura #1 para Mini-cuento B

día tras día, piensa en/pensaba en   *se vuelve loco/se volvió loco*   *quiere salir*

Version 1

Día tras día Don Coyote piensa en la batalla en la que no pudo participar. Se vuelve loco porque quiere salir para batallar y sin el equipo necesario, no puede prepararse para ni una batalla. Día tras día, Don Coyote piensa en soluciones para que él pueda prepararse. A él le encanta participar en batallas más que participar en fiestas. Quiere mucho salir y batallar. Piensa: "¡Me encantan las batallas! ¡Yo tengo que prepararme para una batalla antes de que me vuelva loco!". Piensa y piensa y por fin, encuentra una solución: Va a comprar el equipo (una espada, un escudo y un casco) de un caballero retirado. Quiere salir inmediatamente, pero primero, quiere cepillarse los dientes.

Entonces, monta en su caballo y dirige al caballo hacia la casa del caballero retirado. Mientras está montándose en su caballo, piensa en las batallas y no presta atención al camino. Dirige al caballo hacia una roca que está en el camino, y el caballo se tropieza con la roca, y se cae encima de Don Coyote. El hombre quiere salir del caballo pero no puede. Don Coyote está atrapado debajo del caballo, y se vuelve completamente loco. ¡Pobre Don Coyote!

Version 2

Día tras día, Don Coyote pensaba en la batalla en que no pudo participar, pensaba en varias batallas. Se volvía loco porque a él le encantaba participar en batallas y sin el equipo necesario, no podía prepararse para ninguna batalla. Día tras día, Don Coyote montaba en su caballo y pensaba en batallas. A él le encantaba montar a caballo y participar en batallas. Quería salir y batallar, como batallaba en su juventud. Día tras día, pensaba en soluciones para resolver su problema. Pensaba: "¡Me encantan las batallas! ¡Yo tengo que prepararme para una batalla antes de que me vuelva loco!". Pensaba en soluciones cuando se le acercó un caballero retirado.

El caballero retirado vio a Don Coyote y notó que él pensaba en algo. Le preguntó a Don Coyote: "¿En qué piensas?". Don Coyote le contestó: "Estoy pensando en cómo voy a solucionar un problema que tengo". Entonces, Don Coyote le explicó todo... cómo quería salir para batallar pero no pudo porque le faltaban un casco, un escudo y una espada, cómo no podía participar en batallas, y cómo anda buscando el equipo necesario. El caballero le dio una solución: "Entra en una batalla sin el equipo y roba lo que necesitas de otro caballero". Al oír esto, Don Coyote se montó en su caballo lo más pronto posible y dirigió a su caballo a una batalla. Quería salir lo más pronto posible porque le gustaba mucho la idea. Pensó: "¡Tengo que llegar antes de que me vuelva loco!". Por fin, llegó a la batalla y se le acercó a un caballero, diciéndole: "¡Cuidado! Hay una serpiente encima de tu casco". El caballero gritó y agarró su casco y lo tiró al suelo. Don Coyote se acercó al casco, lo agarró y salió lo más pronto posible.

Toda la noche, Don Coyote pensó en la batalla y pensó en el casco. Le encantó el casco porque era nuevo y brillante. Al día siguiente, Don Coyote se puso su casco nuevo, montó en su caballo, y salió buscando otra batalla. Dirigió a su caballo por el este y pensó: "¡Tengo que llegar antes de que me vuelva loco!". Por fin, llegó a la batalla y con un salami en la mano, se le acercó a un caballero. Le pidió al caballero: "¿Señor, me presta su espada para rebanar mi salami?". Como él era un caballero noble, le prestó su espada. Don Coyote levantó la espada, rebanó el salami y salió lo más pronto posible– ¡CON la espada! Ahora, con un casco nuevo y una espada nueva, Don Coyote estaba muy contento. Le encantó la espada y quería salir para batallar, pero sabía que todavía le faltaba el escudo.

Al día siguiente, Don Coyote se puso su casco y agarró su espada nueva y se montó en su caballo. Salió buscando otra batalla para obtener la última arma – el escudo. Dirigió a su caballo por el norte y pronto llegó a una batalla enorme. Vio a un caballero que tenía un escudo especial. Don Coyote le dijo al caballero: "Señor, soy oficial del gobierno. Soy inspector de escudos. Dame tu escudo, por favor". El caballero se enojó, pero le dio el escudo a Don Coyote. Don Coyote le agradeció al caballero y salió lo más pronto posible con el escudo.

Al día siguiente, Don Coyote se montó en su caballo y dirigió al caballo por el sur para buscar una batalla. Al llegar a la batalla, el caballo se tropezó y se cayó. También, se cayeron Don Coyote y todo su equipo robado. Se cayeron en el suelo y el caballo se cayó encima de Don Coyote. Don Coyote estuvo atrapado debajo del caballo. Quiso salir, pero sólo pudo mirar la batalla desde el suelo. Pronto, un caballero lo vio y se le robó la espada y el casco. ¡El Pobre Don Coyote se volvió completamente loco!

Mini-lectura #2 para Mini-cuento B

se acerca/se acercó　　　　　　_acompaña/acompañó_　　　　　　_no lo deja ir/no la dejó salir_

Version 1

Hay una muchacha que se llama Mirta. Mirta tiene dieciséis años y quiere tener un novio. No puede tener un novio porque sus padres no la dejan salir con muchachos. Un día, Mirta va a la escuela caminado porque su 'scooter' se rompió. Se acerca a la escuela cuando un muchacho súper guapo se acerca hacia ella. Él le dice: "Eres la mujer de mi vida". El muchacho acompaña a Mirta hasta la entrada de la escuela. De repente la madre de Mirta se acerca corriendo y gritando: "¡Oye, muchacho, no la dejamos salir con muchachos!". Entonces, el muchacho le responde: "Está bien, Señora. Sólo estoy acompañándola a la escuela. Estamos por llegar, no por salir". Con esto, la madre deja a su hija y regresa a casa.

Version 2

Había una muchacha que se llamaba Mirta. Cuando Mirta tenía dieciséis años, quería tener un novio. No podía porque sus padres no la dejaban salir con muchachos. Por eso, Mirta estaba triste. Cada día, caminaba a la escuela sola y pensaba en los muchachos. Un día, mientras caminaba a la escuela, un muchacho súper guapo se le acercó y le dijo: "Eres la mujer de mi vida." El muchacho acompañó a Mirta hasta la entrada de la escuela. De repente la madre de Mirta se les acercó corriendo y gritando: "¡Oye, muchacho, no la dejamos salir con muchachos!". Entonces, el muchacho le responde: "Está bien, Señora. Sólo la acompañé a la escuela. Estamos por llegar no por salir". Sin una respuesta inteligente, la madre los dejó en la escuela y regresó a casa.

Al día siguiente, Mirta estaba caminando a la escuela y el chico súper-guapo se le acercó de Nuevo y la acompañó a su primera clase en la escuela. De repente, la madre de Mirta se les acercó gritando: "¡Oye, muchacho, no la dejamos salir con muchachos!". Entonces, el muchacho le respondió: "Está bien, Señora. Sólo la acompañé a la primera clase". Mirta tuvo vergüenza y le dijo a su madre: "Mamá, por favor, déjame ir a la clase ya". Sin una respuesta buena, su madre la dejó ir a la clase y salió para la casa.

Después de la escuela, Mirta caminaba hacia la casa y el chico súper-guapo se le acercó de nuevo. Mirta le dijo: "Lo siento pero mi madre no me deja salir con muchachos". El muchacho le respondió: "No hay problema, Mirta. Ella no te deja SALIR con un muchacho, pero no estamos saliendo, sino regresando". Así que Mirta se calmó y lo dejó acompañarla a la casa. Al llegar a la casa, su madre se les acercó gritando: "Oye, muchacho, no la dejamos salir con muchachos. ¡Tampoco la dejamos llegar con muchachos! ¡Y tampoco la dejamos regresar con muchachos!". Sin ninguna respuesta buena, el muchacho salió de la casa y nunca jamás acompañó a Mirta a ningún lugar. ¡Pobre Mirta!

Mini-lectura #1 para Mini-cuento C

está roto /estaba roto   *se lastima/se lastimó*   *está/estaba/estuvo tan alegre*

Version 1

Hay una chica que se llama Daisy. A Daisy le encanta tocar la guitarra. Su banda favorita es Led Zeppelin y ella entra a una lotería para ganar la oportunidad de tocar con el grupo. El grupo le manda una carta que dice: "Ganaste le lotería. Debes estar en el estadio de Rock-n-Roll el 1 de abril a las seis de la tarde. Daisy está tan alegre que salta como un canguro. De repente, se cae y se lastima el dedo. ¡La uña está rota! Ahora, Daisy no puede tocar la guitarra y está tan triste que grita: "¡Ay de mí!". Su grito la despertó y descubre que sólo es un sueño. El dedo no está lastimado y la uña no está rota. Ella está tan alegre que salta como un canguro. De repente, se cae y se lastima el dedo. ¡La uña está rota! Ahora, Daisy no puede tocar la guitarra y está tan triste que grita: "¡Ay de mí!". ¡Pobre Daisy!

Version 2

Había una chica que se llamaba Daisy. A Daisy le encantaba tocar la guitarra. Su banda favorita era Led Zeppelin y era una fanática absoluta de su grupo. Día tras día pensaba en tocar la guitarra con el grupo y un día vio que Led Zepplin iba a hacer audiciones para un guitarrista. Daisy estuvo tan alegre que saltó como un conejo. De repente, se cayó y se lastimó el dedo. ¡La uña estaba rota! Ahora, Daisy no podía tocar la guitarra y estuvo tan triste que gritó: "¡Ay de mí!".

5

Mini-lecturas para *¡Cuéntame mucho!*

Su grito despertó a todos en la comunidad y vino corriendo un doctor. El doctor le hizo un examen y le dijo: "Te lastimaste el dedo y la uña está rota". Daisy estuvo tan triste que gritó de nuevo: "¡Ay de mí!". Su grito despertó a la gente en la otra ciudad donde se quedaba Led Zeppelin. El grupo se despertó y estaban tan enojado que gritaron todos: "¡Cállate!". Daisy no se calló y el grupo fue corriendo a donde Daisy gritaba porque querían dormir. Llegaron a la casa y Daisy estaba tan alegre al verlos que gritó: "¡Ay de mí! ¡Es Led Zeppelin!". Los músicos estuvieron tan enojados que saltaron. De repente, se cayeron y se lastimaron los dedos.

Ahora nadie pudo tocar la guitarra y el grupo canceló las audiciones de guitarristas. Daisy estuvo tan alegre que tocó la guitarra con sus dedos del pie. Al grupo, le gustó mucho y la invitó a Daisy a **formar parte**[1] del grupo. Daisy estuvo tan alegre que saltó como un canguro. Se cayó y se lastimó los dedos del pie. Nueve de diez dedos estaban rotos y por eso, Daisy no pudo tocar guitarra con Led Zepplin. Estuvo tan triste que lloró durante tres días. Con el tiempo, Daisy estableció su propio grupo que hoy día es muy popular. Se llama Crazy Daisy.

[1] to join

Mini-lectura #2 para Mini-cuento C

le pone/le puso el yeso   *le duele/le dolía*   *la mala noticia*

Version 1

Hay un hombre que tiene una pierna rota. Por eso, lleva puesto un yeso rosado. No le gusta el color rosado, así que él mismo se quita el yeso rosado. Después de quitárselo, la pierna le duele mucho y por eso, va al doctor porque necesita un yeso nuevo. Le pide al doctor: "Por favor, póngame un yeso negro". El doctor le da la mala noticia: "Sólo tengo yesos azules". Al muchacho no le gusta azul, pero la pierna le duele mucho, así que acepta el yeso azul. El doctor le pone el yeso azul y el muchacho va directamente a la casa de Jennifer Lopez porque tiene una cita con ella.

Cuando llega, Jennifer ve el yeso azul y le dice a él: "Tengo noticias para ti, una buena y la otra mala. ¿Cuál prefieres que te diga primero?". El muchacho le pide la buena noticia primero y ella responde: "Me encanta el color azul". Luego, el muchacho le pide la mala noticia. Ella le dice: "Mi agente no me deja salir con muchachos que llevan puestos yesos azules". ¡Pobre muchacho!

Version 2

Había un hombre que se llamaba Marco. A Marco le encantaba esquiar, así que fue a esquiar, pero tuvo un accidente. La pierna le dolía bastante y por eso, fue al doctor. El doctor le sacó una radiografía y luego le dio la noticia mala: "Marco, tu pierna está rota". Al oír la mala noticia, Marco se puso triste porque iba a bailar en una competencia de baile que se llamaba 'Bailando con las estrellas'. Iba a bailar con Jennifer Lopez. Pensaba: "Tal vez podría bailar con la pierna rota", pero de pronto el doctor le dio otra noticia mala: "Marco, tengo que ponerte un yeso en la pierna rota".

Marco se puso aún más triste y pensó que no podría ser peor, pero, el doctor le dio otra mala noticia: "Marco, normalmente pongo un yeso negro a los muchachos, pero hoy nos falta el color negro". Marco no estaba contento y le pidió un yeso azul. El doctor le dio más noticias malas: "Marco, nos falta el color azul". Luego, Marco le pidió un yeso verde, pero el doctor le dio otra mala noticia:

"Marco, nos falta el color verde". Luego, Marco le pidió un yeso rojo. El doctor le respondió: "Marco, lo siento, pero sólo tengo malas noticias para ti hoy. El único color que tenemos hoy es rosado. ¡Pobre Marco! No le gustó el color rosado para nada, y la pierna le dolía mucho. Así que Marco aceptó el yeso y el doctor le puso un yeso rosado. La pierna no le dolía tanto con el yeso puesto, y Marco se sentía mejor por eso. Sin embargo, Marco estaba frustrado porque quería bailar con Jennifer Lopez en Bailando con las estrellas.

Salió de la oficina del doctor y fue directamente a la casa de Jennifer Lopez para darle la noticia mala. Cuando llegó a la casa, la pierna le dolía mucho. Con la pierna doliéndole mucho, llegó a la puerta y de repente, Jennifer la abrió. Al ver a Marco con el yeso rosado puesto, ella se sonrió y exclamó: "¡Marco, me encantan los hombres con yesos puestos y mi color favorito es rosado! ¿Quieres salir conmigo?". Al oír la buena noticia, Marco se puso muy feliz. Aceptó la invitación y toda la noche, Jennifer le dio mucho cariño porque tenía una pierna rota, y además tenía un yeso ROSADO.

Mini-lectura #1 para Mini-cuento D

se queja/se quejaba/se quejó   *le sale bien*   *le presta/le prestó su coche*

Version 1

Hay una chica en mi clase que se llama Blanca. Ella siempre se queja porque no tiene su propio coche, y nadie le presta su coche. A Blanca no le gusta llegar a la escuela en el autobús escolar, pero no tiene opción. Por eso, se queja mucho. Cuando se queja a los padres, ellos dicen que necesitan ver su reporte escolar. Si ella saca buenas notas, va a recibir un coche. El lunes, Blanca quería salir temprano para hacer los exámenes y su madre le prestó su coche. Le salieron bien los exámenes y Blanca estuvo contenta.

El martes, Blanca quería salir temprano para hacer los exámenes y otra vez su madre le prestó su coche. Los exámenes le salieron bien y Blanca estaba contenta. El miércoles, Blanca quería salir temprano para hacer los exámenes, pero su madre no le prestó su coche. No pudo prestárselo el miércoles porque tuvo que trabajar. Blanca se quejaba tanto que no vio el autobús. Resulta que no le salió bien su último examen porque no fue a la escuela. Por eso, Blanca no recibió su propio carro. ¡Ella se puso muy triste!

Version 2

Blanca era una chica muy bella, pero muy triste. Siempre se quejaba porque quería una familia rica. Su mamá y papá tenían un coche, pero Blanca quería su propio coche. Quería un coche para ir a la escuela. Se quejaba 24-7 porque tenía que ir a la escuela en el autobús escolar. Los padres le prestaban su Olds'-mobile, pero Blanca se quejaba: "No quiero conducir un coche para viejos. Quiero conducir un coche deportivo. Soy buena estudiante y quiero conducir un coche igual– ¡un coche BUENO!". Blanca se quejaba todos los días y por fin su madre le dijo: "Blanca, si todo te sale bien con tus exámenes, vamos a comprarte tu propio coche. Blanca se puso muy feliz y no se quejó durante tres días porque estaba muy ocupada con sus estudios.

Mini-lecturas para *¡Cuéntame mucho!*

Blanca estudiaba mucho y se quejaba un poco porque los días se hacían muy largos. Por fin, llegó la semana de exámenes. El lunes, Blanca quería salir temprano. Quería llegar a la escuela temprano para estar calmada y bien preparada para hacer los exámenes. Le preguntó a su madre: "¿Me prestas tu coche hoy? Quiero llegar a la escuela un poco temprano para hacer los exámenes". Su madre no le prestó el coche, sino que le dio un 'ride' a la escuela. Blanca se quejaba mucho porque quería su propio coche. De todos modos, Blanca hizo los exámenes y todo le salió bien. El martes, Blanca quería salir temprano otra vez. Quería llegar a la escuela temprano y le suplicó a su madre: ¿Me prestas tu coche hoy? Quiero llegar a la escuela un poco temprano para hacer los exámenes". Su madre le respondió: "Está bien, Blanca. Te lo presto". Blanca estuvo feliz, pero sin embargo se quejó porque tuvo que conducir un 'Olds'-mobile.

De todos modos, Blanca hizo los exámenes y todo le salió bien. Se sacó "A" y "B" todos los exámenes. El miércoles, Blanca quería salir temprano otra vez. Quería llegar a la escuela temprano y le suplicó a su madre: "¿Me prestas tu coche hoy?". Su madre le respondió: "Hoy no puedo prestarte el coche porque tengo una cita con el Dr. 90210". Blanca se quejó: "¡Mis exámenes son más importantes que tu cita!". Mientras Blanca se quejaba, su madre salió para la cita y el autobús escolar llegó. Blanca se quejaba tanto que no vio el autobús y no pudo ir a la escuela. Por eso, **no** le salieron bien los exámenes y ella no recibió su propio coche. ¡Pobre Blanca!

Mini-lectura #2 para Mini-cuento D

acaba de /acababa de/acabó de   *aprende a manejar*   *trata de impresionar*

Version 1

Pancho, un niñito muy inteligente, acaba de cumplir doce meses. Aprende a hablar a los dos meses, a caminar a los tres y aprende a manejar a los doce meses. Sus padres tratan de impresionar a los otros padres con su hijo prodigio. Lo llevan a todas partes, aún a concursos de **deletreo**[1] y geografía. Como todos los niños, él también trata de impresionar a todos. Un día, él mismo llama a un programa de televisión y trata de anotarse en un concurso que se llama: "El niño acaba de nacer". Es un concurso para niñitos muy inteligentes. Pancho llama por teléfono para anotarse en el concurso y le dice al director: "Acabo de cumplir doce meses y quiero anotarme en el concurso". Pero el director no le cree y le dice: "Es imposible que un niño de sólo 12 meses pueda llamar por teléfono. No trates de impresionarme más". El director no lo deja anotarse en el concurso y Pancho se pone muy triste.

[1] **spelling**

Version 2

Pancho era un niño súper inteligente. Era un niño prodigio. Aprendió hablar a los dos meses, a caminar a los tres y a hacer cuentas a los seis meses. Además, aprendió a tocar el piano a los ocho meses, a escribir poesía a los diez, y aprendió a manejar a los 12 meses. No aprendió a manejar un coche normal, sino que aprendió a manejar un coche de Barbie™. Aprendió a manejar en mucho tráfico y aprendió a manejar en tráfico rápido. Realmente era un niño prodigio. Como todos los niños, él trataba de impresionar a los otros niños y también a los adultos. Hacer tantas cosas antes de cumplir un año impresionaba a todos. Los otros padres lo veían manejando y leyendo y les preguntaban a los padres del niñito: "¿Cuántos años tiene su hijo?". Siempre les respondían: "Acaba de cumplir diez meses o acaba de cumplir doce meses", y ¡esto les impresionaba mucho!

Un día, el niñito llamó por teléfono a un programa de televisión y se anotó en un concurso que se llamaba: "Una estrella acaba de nacer." En el concurso, cada niño prodigio contaba su propia historia acerca de crecer como niño prodigio. Le preguntaron a Pancho: "¿Cuántos años tienes?". Pancho les respondió: "Acabo de cumplir 12 meses". "Por favor, Pancho, cuéntanos acerca de ti". Pancho trató de impresionar a los adultos y les dijo que aprendió a manejar antes de que su madre aprendiera. Les dijo que después de aprender a manejar, él enseñó a su madre a manejar.

Realmente era una historia fabulosa. Todos estaban muy impresionados y al acabar de contar tu historia, ¡él ganó el concurso! Era increíble que este niño que acababa de cumplir sólo doce meses ganara el concurso. Pancho se volvió muy famoso. Ahora todo el mundo trata de impresionar a Pancho y le ofrecen viajes, coches y dinero. Ayer, Pancho acabó de cumplir dos años. ¡Quién sabe lo que va a hacer!...

Capítulo dos:
¡Qué mala suerte!

Mini-lectura #1 para Mini-cuento A

prende/prendió   *el cinturón de seguridad*   *se sube/se subió*

Version 1

Juan acaba de conseguir trabajo en una agencia de autos usados. Juan vende autos usados. No son autos normales, sino extraordinarios. Cuando alguien se sube al coche, sabe que es un coche súper bueno. Un día, Juan le vende un auto fantástico a Ricky Martin. Ricky Martin maneja hacia la casa de su novia. Ella se sube al coche, y trata de ponerse el cinturón de seguridad. Pero el cinturón de seguridad está roto. Ricky Martin se pone triste porque todos los pasajeros de su coche necesitan ponerse el cinturón de seguridad. Así que insiste en que su novia se baje del coche. Ella se pone triste porque Ricky prende el motor de su auto que acaba de comprar y va a pasear a solas. Su novia no puede subirse al coche hasta que Ricky repare el cinturón de seguridad.

Version 2

Juan trabaja en una agencia de autos usados. Todos los autos tienen cinturones de seguridad especiales. Hay cinturones de seguridad que huelen bien cuando prende el motor. Hay cinturones que dan masajes. ¡Aun hay cinturones de seguridad **comestibles**[1]! Además, hay un auto muy especial que tiene un cinturón de seguridad musical.

Un día, Ricky Martin miraba la tele y vio un anuncio de Autos Extraordinarios. Se emocionó y fue al instante a la agencia. Juan le enseñó todos los coches y Ricky se subió a tres coches y prendió el motor de cada uno. No le gustaron mucho, así que Juan le enseñó el coche más especial: el cinturón de seguridad toca una canción de Ricky Martin cuando prende el motor. Ricky se subió al coche y prendió el motor. Le encantó inmediatamente y por eso, compró el coche.

Ricky estaba tan alegre que se fue a pasear en su coche extraordinario. Se subió al carro, prendió el motor y el cinturón empezó a sonar. Ricky se puso feliz y fue a todas partes con el cinturón de seguridad puesto. Después de tres horas de manejar, Ricky se quitó el cinturón para echar gasolina en su coche y luego, fue a la casa de su novia. Ricky le enseñó su coche nuevo y su novia se puso celosa. Ella se quejó: "Te gusta el coche más que yo". Ricky y su novia se subieron al coche, se pusieron los cinturones de seguridad y Ricky prendió el motor. Esperaban la música del cinturón, pero no funcionó. La música no sonó y Ricky se frustró.

Trató de arreglar el cinturón. Se quitó el cinturón de seguridad y se lo puso de nuevo. Pero no funcionó. Se lo quitó y se lo puso, se lo quitó y se lo puso, pero el cinturón no funcionó. Su novia se quejó: "No importa que no toque música el cinturón de seguridad. Vamos a pasear en tu coche nuevo". Ricky se puso triste y ya no quiso pasear. Su novia se enojó y regresó a su casa. Ricky prendió el motor y al instante, el cinturón de seguridad tocó la música. Ricky volvió a Autos Extraordinarios y Juan le explicó: "El cinturón no toca música si hay un pasajero en el coche". Hoy en día, Ricky no tiene novia.

[1]**edible**

Mini-lectura #2 para Mini-cuento A

se hace muy larga   *maneja cuidadosamente*   *le regala/regaló (un collar)*

Version 1

Milagros es una chofer muy amable. Siempre les regala un chocolate a sus pasajeros. Ella trabaja para una compañía que se llama "Rides con Regalos". Cada mañana, Milagros se sube a su auto y se pone su cinturón de seguridad. Maneja cuidadosamente porque es importante para su trabajo. El problema es que Milagros maneja demasiado cuidadosamente. Maneja más despacio que un caracol dormido. Todos sus viajes se hacen muy largos. Cuando maneja hacia su trabajo, el viaje se hace muy largo; por eso Milagros canta, pero Milagros canta muy mal. Canta tan mal que su jefe le regaló un CD de Celine Dion para que no cante cuando haya clientes en su coche. A los clientes no les gusta Celine Dion y por eso los viajes con Milagros se hacen muy largos. Hoy día, Milagros no tiene muchos clientes.

Version 2

Milagros era chofer y trabajaba para la compañía "Checker Cab". Era una chofer muy responsable y manejaba muy cuidadosamente. Manejaba cuidadosamente en la ciudad. Manejaba cuidadosamente cuando estaban reparando las calles. Manejaba cuidadosamente aun cuando el tráfico se movía muy rápido. Milagros siempre manejaba muy despacio y el viaje se les hacia muy largo a sus pasajeros. Pero a Milagros, le encantaba su profesión y los viajes nunca se le hacían largos. ¡Jamás! Al contrario; a ella, los viajes se le hacían muy cortos.

Cada mañana Milagros se subía cuidadosamente a su auto y salía para el trabajo. Manejaba tan cuidadosamente que sólo viajaba a 13 millas por hora. Manejaba muy despacio porque no quería tener un accidente y además porque había muchas cosas interesantes para ver en la calle. Así el viaje se hacía largo y por eso, era difícil llegar a tiempo a su trabajo. Tenía otro problema también: a Milagros le encantaba cantar y cantaba siempre cuando los viajes se hacían muy largos. El problema era que Milagros no cantaba bien. Cantaba peor que una rana.

A sus clientes les molestaba mucho, pero contrataban a Milagros porque era muy simpática. Siempre les regalaba un chocolate cuando se subían a su coche. Unas veces les regalaba un chicle y otras veces un certificado de Starbucks. La gente quería los regalos pero no quería que cantara Milagros. Todo el mundo quería a Milagros y por eso, los clientes no se atrevían a decirle que les molestaba escuchar sus canciones. Un día su jefe le regaló un CD de Barry Manilow y le dijo que pusiera esa música mientras manejaba. Ella puso el CD que le había dado su jefe pero a los clientes les molestaba aun más la música de Barry Manilow que la música de Milagros.

Mini-lecturas para *¡Cuéntame mucho!*

Luego, su jefe le regaló un i-pod y le dijo que lo escuchara mientras manejaba. Pero Milagros no podía oír las indicaciones de sus clientes y tenía que apagar el i-pod. De pronto, empezó a cantar de nuevo. Finalmente, su jefe le regaló un CD de TPRS Publishing, Inc. para aprender a hablar francés. Milagros escuchaba el CD mientras manejaba y ¡ahora canta a todos sus clientes en FRANCÉS!

Mini-lectura #1 para Mini-cuento B

respeta/respetó la velocidad máxima   *le suplica/le suplicó*   *déjame manejar*

Version 1
Mi mejor amigo vive en una ciudad donde todo el mundo maneja con los pies. A mi amigo le encanta su ciudad. En ella sólo se respeta la velocidad máxima cuando se maneja de noche, pero durante el día no se respeta. Su padre compró un coche nuevo y mi amigo le suplicó: "Por favor, déjame manejar". Su padre lo dejó manejar su auto y ahora mi amigo maneja a todas partes con los pies. No respeta la velocidad máxima para nada. ¡Maneja más rápido que todos los otros conductores! El estaba muy alegre hasta que una tarde, cuando acababa de llegar a su casa, su papá le dijo que iban a **mudarse**[1] a una ciudad donde se maneja con las dos manos y se respeta la velocidad máxima.

[1] **move**

Version 2
Santiago, mi mejor amigo, se mudó1 a una ciudad donde toda la gente maneja con los pies. A mi amigo le encanta la ciudad porque nadie respeta la velocidad máxima durante el día, sólo por la noche. Santiago espera con ansiedad el momento de manejar. Cada día le suplica a su papá: "¡Por favor, déjame manejar!". Pero su papá siempre le dice: "Hijo, te suplico... ¡déjame! Deja de suplicarme porque no voy a dejarte manejar hasta que practiques más cómo manejar con los pies. Además, la gente acá no respeta la velocidad máxima durante el día. Yo no tengo tiempo para manejar contigo durante el día, y ningún hijo mío va manejar a la velocidad máxima. Respétame, ¡por favor!"

Cuando su padre le habla así, Santiago se pone muy triste. Pero un día, su papá llegó a la casa con un coche nuevo. Era un coche automático. Así que Santiago no necesitaría usar los pies para manejar y su papá lo dejaría manejar. Entonces Santiago manejó por toda la ciudad y no respetó la velocidad máxima. Esto era increíble y Santiago le suplicó a su padre: "Por favor, déjame manejar hasta la noche. ¿Qué importa si todo el mundo maneja a la velocidad máxima por la noche?" Pero su papá le respondió: "Ya te dije... ningún hijo mío va manejar a la velocidad máxima. Respétame, ¡por favor!"

A las 6 de la tarde, regresaron a casa y, a las 7:00, su papá se durmió. Santiago no respetaba a su papá y agarró las llaves del coche nuevo. Metió las llaves, prendió el motor y manejó a todas partes ¡exactamente a la velocidad máxima! Como Santiago no estaba acostumbrado a manejar a la velocidad máxima, se chocó con otro auto. Santiago se bajó del auto y le suplicó a la conductora que era muy guapa: "Por favor respeta la velocidad máxima porque ya es de noche". Pero la chica no la respetó porque todavía faltaban unos dos segundos para la noche (La noche oficialmente empieza a las 7:42 p.m. y sólo eran las 7:41:58 p.m.). Santiago se enojó y se fue a toda velocidad hacia su casa. No respetó la velocidad máxima. ¡Fue a toda velocidad! y pronto un policía lo detuvo. Lo arrestó y llamó a su padre.

Su padre consiguió un abogado que logró convencer a la policía con un argumento excelente: aunque eran las 7:42 en su ciudad, sólo eran las 6:42 en Los Angeles, CA. Dejaron en libertad a Santiago, pero su padre ya no lo deja manejar. ¡Pobre Santiago!

Mini-lectura #2 para Mini-cuento B

más despacio que   *¡Apúrate! / se apura*   *queda lejos*

Version 1

Hay un muchacho que hace todo muy despacio. Se llama Lento y no hace nada rápido. Camina más despacio que una tortuga, maneja más despacio que un ciclista y corre más despacio que un caracol. Un día, Lento fue a la escuela Bondurant, pero no lo dejaron asistir a clases porque manejó más despacio que un abuelo de 119 años. Le dijeron: "Si quieres asistir a clases de Bondurant, tienes que apurarte". Al día siguiente el chico regresó a la escuela Bondurant, y los instructores le gritaron: "¡Apúrate! La línea final no queda lejos". El muchacho se apuró pero no mucho. La línea quedaba a unas dos cuadras, pero el muchacho tardó 2,6 horas. ¡Manejó más despacio que una roca!

Version 2

Lento manejaba más despacio que un abuelo de 119 años. Manejaba más despacio que una tortuga. Manejaba tan despacio que necesitaba una hora para llegar a la casa de su amigo, a pesar de que la casa queda a media cuadra de su casa. Lento manejaba muy despacio porque no quería tener un accidente con el carro. Era un coche nuevo, y el papá de Lento estaba muy orgulloso del carro. Cuando manejaba, todos le gritaban: "¡Apúrate!". A Lento no le importaba, porque no podía oírlos. Siempre escuchaba música "heavy metal" mientras manejaba.

Un día, Lento tenía una cita con una chica bonita llamada Bella. Bella era una chica muy educada. También era una chica con mucho talento. A Bella le gustaba bailar. Era miembro de un Ballet. Lento y Bella querían ver el Ballet Bolshoi. Tenían boletos para la obra que empezaba a las ocho. Lento no podía escuchar "heavy metal" porque a Bella no le gustaba. En vez de eso, escucharon Beethoven. El chico manejaba más despacio que nunca porque quería estar seguro y evitar accidentes.

Lento manejó más despacio que Bella y más despacio que una tortuga. Faltaban 10 millas y eran las ocho menos veinte. De una manera muy educada, Bella le dijo: "Apúrate, por favor, Lento. No quiero perderme los primeros minutos. El Ballet Bolshoi es excelente y empieza a las ocho. Lento fue un poco más rápido, pero en unos minutos, volvió a manejar más despacio que una tortuga. Llegaron al ballet a las ocho menos cinco. Lento estacionó muy lejos de la entrada porque no quería tener un accidente con otro coche. Bella le dijo, esta vez de forma menos educada que antes: "¿Qué haces, Lento? ¡No tenemos mucho tiempo! ¡Apúrate!".

Cuando llegaron a la puerta, estaba cerrada. No podían entrar. Bella estaba muy enojada y le gritó: "¡Llévame a casa ahora mismo! ¡Apúrate!". Lento manejaba más despacio que una abuelita ciega porque era un chofer muy cuidadoso. Bella estaba tan enojada que se bajó del carro, diciendo: "Si no te apuras, no voy contigo". Bella se fue caminando a su casa y Lento se puso muy triste. Lento manejó tan despacio que Bella llegó a la casa antes que él. Lento llegó a la mañana siguiente. El papá se enojó y le sacó las llaves del carro. Lento ya no puede manejar. ¡Pobre Lento!

Mini-lectura #1 para Mini-cuento C

camina tres cuadras   *no puede respirar/no pudo respirar*   *se niega/se negó*

Version 1

   Manuel es un chico muy gordo. No es gordo por causa de su salud ni por su herencia. Es gordo porque es muy flojo. Se niega a hacer ejercicio. Se niega a caminar. Se niega a correr. La única cosa que hace Manuel es comer.   A él le gusta comer en restaurantes. Un día decidió visitar un restaurante nuevo en su vecindario. Como quedaba cerca, sin pensarlo, decidió caminar. Caminó tres pasitos y no pudo respirar. Esperó un rato y caminó de nuevo. Caminó tres pasitos más y otra vez, no pudo respirar. Manuel se negó a caminar más y llamó a su madre: "Mamá, necesito un *ride*", pero su mamá se negó a recogerlo. Luego, llamó a un taxi, pero el taxi se negó a venir, diciéndole: "Tu madre nos mandó que no te diéramos un *ride*". Por fin, Manuel llamó al 911 y vino la policía. La policía se negó a llevar a Manuel a casa. Por eso, Miguel todavía está en la calle esperando un *ride*.

Version 2

   Manuel era un chico muy gordo. Era experto en comida. Era 'probador oficial'; su trabajo consistía en probar comidas nuevas todos los días. Comía platos deliciosos y numerosos. A Manuel le encantaba su trabajo, pero tenía un problema: engordaba más cada día. Si caminaba más de tres cuadras no podía respirar, y aun así, él se negaba a cambiar de trabajo y a hacer ejercicio.

   Un día, Manuel iba a ir a un restaurante nuevo para probar un plato especial.   El restaurante quedaba a tres cuadras y Manuel decidió caminar. Caminó una cuadra y no pudo respirar. Se negó a dejar de caminar porque realmente quería probar una comida especial. Siguió caminando y cuando caminó dos cuadras, no pudo respirar y no pudo quedarse parado. Se cayó en la calle y llamó a un taxi. El taxi vino y lo llevó directamente al doctor, aunque Manuel se negó a ir.

   Cuando llegó a la oficina del doctor, le dijeron que su doctor se retiró y ya no practicaba medicina. Había otra doctora en el consultorio que podía revisar a Manuel. Al principio, Manuel se negó a ser atendido por una doctora, pero la recepcionista le informó que ella era especialista en pacientes gordos. Por fin, Manuel decidió visitar a la doctora nueva.

   Cuando Manuel entró al consultorio y vio a la doctora, ¡se negó a creer lo que veía! La doctora era su ex-novia, ¡una chica hermosa y buena! ¡La miró y no pudo respirar! Ella vio a Manuel y tampoco pudo respirar. Le dijo: "Manuel, ¿Qué te pasó?". Al principio, Manuel se negó a contarle, pero al final le dijo que cuando ella empezó a estudiar medicina, él consiguió un trabajo nuevo: probador de comidas.

   La doctora, Elsa, le dijo que cada día en la universidad era para ella una tortura porque él no estaba. Ella le dijo que si el no se negaba a hacer ejercicio, ni a caminar cada día, ella se casaría con él. Manuel estuvo de acuerdo, pero sólo si ella aceptaba comer con él. Elsa no se negó y probaba mucha comida con Manuel. Al poco tiempo se casaron y hoy día, Elsa es doctora y probadora de comida. Los dos son gordos, pero felices.

Mini-lectura #2 para Mini-cuento C

la señal de tránsito   *está/estaba desesperado*   *se choca/se chocó*

Version 1

Conozco a un chico que se llama Esteban. Esteban vive en una ciudad donde no hay señales de tránsito. Por eso, la gente se choca mucho. Se choca con los árboles, con los otros carros, pero no se choca con las señales de tránsito porque no hay. Es realmente peligroso manejar en esa ciudad. Un día, Esteban estaba manejando cuidadosamente y se chocó con otro carro cuyo chofer era una chica hermosa. Cuando se chocaron, Esteban no pudo respirar porque su carro nuevo estaba destruido. La chica se enojó con Esteban y le gritó: "¿No ves la señal de tránsito?". Esteban buscó una señal, pero no vio ni una. Supuestamente, la señal decía: "Los chicos tontos son culpables de todos los accidentes".

Version 2

Conocía a un chico que se llamaba Esteban. Esteban vivía en una ciudad donde no había señales de tránsito. Esteban escuchaba rumores sobre señales de tránsito, pero él nunca las había visto.

Esteban chocaba en el mismo lugar cada día. ¡Cada día había 1092 accidentes en este mismo lugar! Su papá estaba desesperado porque el carro estaba **abollado**[1] y casi no funcionaba. Era realmente peligroso manejar en esa ciudad. Un día, Esteban estaba manejando cuidadosamente por la autopista y de pronto chocó con una chica bellísima. Esteban estaba desesperado porque el carro estaba verdaderamente roto.

La chica estaba muy desesperada también porque su carro estaba roto. Le gritó a Esteban: "¿No ves la señal de tránsito?". Esteban miró cuidadosamente pero no vio ninguna señal de tránsito. Ella gritó mucho y la señaló con el dedo. **No obstante**[2], Esteban no vio ninguna señal de tránsito. Estaba desesperado y le suplicó: "¡Ya no grites por favor!" Rápidamente arrancó su carro y escapó.

Esteban pensaba: "¿Estoy loco?". Estaba realmente desesperado porque no vio ninguna señal de tránsito, así que se fue a un doctor y le preguntó: "¿Hay señales de tránsito en esta ciudad?". El doctor le dijo: "No sé si hay o no porque yo no manejo. Tengo chofer". Esteban estaba desesperado y se fue a un psicólogo. Le preguntó al psicólogo: "¿Hay señales de tránsito en esta ciudad?". El psicólogo le respondió: "No sé si hay o no porque yo no manejo en esta ciudad. Hay demasiados choques aquí y no quiero chocar. Por eso, vengo en taxi".

Esteban estaba desesperado y se fue al departamento de tránsito. Vio a una dependiente y le preguntó: "¿Hay señales de tránsito en esta ciudad?". La dependiente se enojó y le gritó: "¡Claro que sí! Es obvio que hay señales de tránsito". Esteban se volvió loco y le dijo a la dependiente: "Yo buscaba y buscaba y nunca vi ni una señal de tránsito". Al instante, la dependiente le sacó su

licencia de manejar. Le explicó a Esteban: "Sólo los conductores malos no pueden ver las seña-les de tránsito. Si no las puedes ver, no eres un buen conductor y no puedes manejar en esta ciu-dad". Entonces lo mandó a vivir en 'Malchoferlandia' donde vivían 3.098 hombres cuyos carros estaban completamente abollados porque ocurrían 2.390 accidentes al día.
   ¹**dented**   ²**nevertheless**

Mini-lectura #1 para Mini-cuento D

sueña con/soñó con   *la saluda/la saludó*   *empieza a.../empezó*

Dicho
El futuro le pertenece a aquellos que creen en la belleza de sus sueños.
The future belongs to those who believe in the beauty of their dreams.

Version 1
Felicitas era una chica muy inteligente y también muy pobre. Soñaba con ser diseñadora, pero no sabía cómo empezar. Por eso, decidió trabajar en Wal-Mart para estudiar los estilos de ropa en la tienda. Además quería ahorrar dinero para su educación. En Wal-Mart, estudiaba muchos estilos de ropa. Estudiaba los estilos y determinaba cuál estilo combinaría mejor con cada cliente. Las clientas empezaron a venir de todos lados para consultar con Felicitas. Soñaban con vestirse como una modelo y sabían que Felicitas las podía ayudar. La saludaban a Felicitas con besos y abrazos y Felicitas las saludaba con una sonrisa. Al saludar a las clientas, Felicitas empezó a analizarlas y a cada una le daba una recomendación. Todos se impresionaron con Felicitas ¡tanto que un agente de Nueva York vino a Wal-Mart para verla! ¡La saludó con una sonrisa y ¡una invitación a trabajar para America's Next Top Model!

Version 2
Felicitas era una chica que soñaba con ser doctora. La familia no tenía dinero para su educa-ción, y por eso Felicitas trabajaba en Wal-Mart para ahorrar dinero. Todos la saludaban porque la conocían y sabían que era una chica muy buena.

Felicitas tenía un amigo especial en la tienda. Se llamaba Max Schellman. Su trabajo consis-tía en saludar a todos. Felicitas sonreía cada vez que lo veía, y cuando la saludaba, Max sonreía y reía. Los sentimientos entre los dos eran los de un papá y su hija. Max sabía que Felicitas soña-ba con ser doctora, y siempre le decía: "Cree en tus sueños, mija. Si sueñas con ser doctora, un día, serás doctora. Te lo prometo".

Max y Felicitas trabajaban en la tienda cuando Max empezó a tener problemas médicos. Empezó a tener dolor en su espalda y en su brazo. Max no creía que fuera muy serio, pero Felicitas le dijo que debía ver al doctor. Le dijo que sería mejor verlo ahora que verlo después-- ¡en el hospital! Al principio, Max se negó a ir al doctor, pero al final, lo visitó. El doctor le dijo que su condición era muy grave-- Max necesitaba una operación lo más pronto posible. La ope-ración empezó a las ocho de la mañana y no terminó hasta las once de la noche. Felicitas estuvo en la sala de espera durante toda la operación. Era la única persona que lo esperaba porque Max no tenía familia.

Después de la operación, Felicitas visitó a Max. Max la saludó con una sonrisa grande, pero la pobre chica empezó a llorar. Sabía que la operación no fue un éxito. A Max le quedaban sólo unos días de vida, no más. El viejo empezó a hablar con una voz muy seria. "Recuerda, mija, que sueñas con ser doctora. No te olvides de eso. Puedes realizar tus sueños". Fueron las últimas palabras que le dijo. Dos días después, el hombre simpático se murió.

Después de una semana, Felicitas recibió una carta de un abogado. Max Schellman había dejado un testamento, y ella era la única heredera. Max tenía más de dos millones de dólares, y cada dólar era suyo. Ella recordó las palabras del viejo: "Puedes realizar tus sueños".

FINAL #1
La chica empezó a estudiar con el dinero de Max, y se hizo una doctora muy famosa. Ella usó el regalo de Max para construir un hospital para personas enfermas del corazón: El Hospital Max Schellman. Su memoria iba a vivir. Y por el resto de su vida, Felicitas fue a tiendas como Wal-Mart buscando a los chicos pobres que soñaban con ser algo bueno. Los saludaba con las palabras de su amigo, Max: "El futuro le pertenece a aquellos que creen en la belleza de sus sueños".

FINAL #2
La chica pensaba en sus sueños: ser doctora; ser rica; vivir en una isla; relajarse en una playa tropical; encontrarse con hombres guapos. Felicitas decidió seguir los consejos de Max; decidió realizar sus sueños. Buscó una licencia médica en Internet y la compró por $5.000. Luego, fue a Tahiti y practicó la medicina. También se relajó en la playa y cada día saludaba a hombres guapos y musculosos. Por fin encontró su lugar en el mundo y vivió allí muy contenta el resto de su vida.

Mini-lectura #2 para Mini-cuento D

como si fuera   *está mejor/se mejoró*   *se da cuenta/se dio cuenta*

Version 1
Manuel es un chico de mi escuela. Él es muy alto. Sus piernas son tan largas que puede correr muy rápido, como si fuera un jaguar. Por eso, nunca va en carro a la escuela, sino que va a pie por la autopista. Un día, Manuel corría como si fuera un jaguar, y la gente lo miraba y le gritaba como si fuera un monstruo. Manuel se dio cuenta de que la gente lo maltrataba y se puso triste. Empezó a llorar y la gente le gritó: "Lloras como si fueras un bebé". Manuel no prestaba atención al tráfico y de repente, ocurrió un accidente. Manuel estaba en una situación muy seria. Lo llevaron al hospital y los doctores lo atendieron como si fuera un animal. Manuel no se mejoró y los doctores se dieron cuenta de que un veterinario podía atenderlo mejor. Por eso, lo mandaron a un hospital veterinario y los veterinarios lo atendieron como si fuera un perro. Le dieron "Alpo" y poco a poco Manuel se mejoró. Hoy día, Manuel come como si fuera un perro y corre como si fuera un jaguar.

Version 2
Manuel era un chico de mi escuela. Él era muy alto, medía 7 pies y 6 pulgadas. No tenía auto porque era tan alto que no cabía en ningún coche. Manuel se subió a un auto como si fuera una jirafa. Una vez, trató de subir a un coche, y quedó completamente atrapado. Vinieron los bombe-

ros y trataron la situación como si fuera un accidente horrible. Sacaron a Manuel con "Jaws of Life". Manuel se dio cuenta de que no debía subirse más a coches normales. Se dio cuenta de que necesitaba un 'convertible', pero no tenía suficiente dinero para comprar un convertible.

Por eso, Manuel iba a todos lados a pie. Caminaba como si fuera una jirafa y corría como si fuera un jaguar. Siempre iba a la escuela por la autopista, a veces corría y a veces caminaba. Cuando había mucho tráfico, caminaba como si fuera una tortuga; y cuando no había mucho tráfico, corría como si fuera un puma. ¡Realmente era increíble!

Una mañana de lluvia, Manuel se puso sus zapatillas y fue a la escuela. Mientras iba caminando por la autopista se dio cuenta de que no tenía sus libros. Entonces se dio cuenta de que no tenía su mochila. Por fin, ¡se dio cuenta de que no llevaba pantalones! Manuel corrió muy rápido, demasiado rápido para las condiciones. Así, se tropezó y chocó con un coche. La conductora se bajó del coche y estaba frenética. ¡La conductora era su mamá! Su mamá, que sólo mide 4 pies y 8 pulgadas, trató de meterlo en su coche, pero su coche era muy pequeño. La mamá se dio cuenta de que no podía meterlo en el carro.

Por suerte, un hombre que pasaba por la autopista, lo vio. Se dio cuenta de que ocurrió un accidente. Él levantó a Manuel como si fuera una bolsa de papas y lo puso encima de su Ford Explorer. Rápidamente lo llevó al hospital. Con una radiografía, el médico se dio cuenta de que Manuel sufrió una concusión. Le dio una medicina y pronto Manuel se mejoró. El médico también se dio cuenta de que la madre de Manuel sufrió un ataque de nervios. Le dio una taza de té y pronto, ella se mejoró también.

Luego, Manuel y su mamá salieron del hospital para regresar a la casa. Subieron a la autopista, la mamá en coche y Manuel a pie. La mamá de Manuel manejó muy rápido, pero Manuel caminaba más despacio que una tortuga. La mamá no se dio cuenta de que Manuel no iba con ella. La mamá lo esperaba en casa, pero Manuel nunca llegó. La mamá se dio cuenta de que Manuel sufría de amnesia y ella estaba más preocupada que nunca. Fue a buscarlo y llamó a la policía con una 'Alerta de Amber'. Manuel nunca se dio cuenta de quién era o dónde vivía y su mamá todavía anda por las autopistas buscándolo.

Capítulo tres:
El Señor Rezongón

Mini-lectura #1 para Mini-cuento A

quiero que salgas   *prefiero que te quedes por abajo*   *está de mal humor*

Version 1

Había un chico que siempre estaba de mal humor. Estaba de mal humor porque no tenía amigos, pero no tenía amigos porque siempre estaba de mal humor. También estaba de mal humor porque vivía con su familia y su familia le molestaba. Pero él molestaba a su familia y era una molestia porque siempre estaba de mal humor. Su hermano siempre le decía: "Prefiero que salgas de casa. Prefiero que te quedes en la casa de tus primos", y sus padres le decían: "Todos queremos que salgas y preferimos que te quedes con tus primos".

Un día el chico decidió salir y le dijo a su familia: "Ya no van a decirme: «Quiero que salgas o preferimos que te quedes en otra casa». Ya me voy". Antes de salir, el chico hizo una pausa porque pensaba que la familia iba a decirle: «No queremos que salgas y no preferimos que te quedes en otra casa». Pero no le dijo más que "Adiós". El chico se puso de muy mal humor y salió de la casa. Al instante la familia hizo una fiesta y celebró la salida del chico.

Version 2

Conocía a un chico que siempre estaba de mal humor. Se llamaba Solito y vivía en el fondo de un edificio abandonado en Puerto Rico. Hace muchos años vivía con su familia, pero como él siempre estaba de mal humor, su familia salió y lo dejó en el edificio. Él estaba muy triste y les pidió que no salieran: "Por favor, no quiero que salgan. Prefiero que se queden aquí conmigo". Pero la familia salió diciéndole: "Preferimos que te quedes en otra casa porque siempre estás de mal humor".

La familia fue a vivir en el Parque Nacional Everglades. Vivían al lado de las serpientes y los cocodrilos. No estaban contentos porque los cocodrilos y las serpientes siempre estaban de mal humor. Los hijos decían: "Preferimos quedarnos con nuestro hermano aunque siempre esté de mal humor". La madre decía: "Quiero que mi familia salga de aquí. Prefiero vivir con un hijo de mal humor más que con un cocodrilo de mal humor". El padre, que estaba de mal humor porque a él no le gustaban los cocodrilos, ni las serpientes, decía: "Prefiero que mi familia se quede en una casa normal".

Mini-lecturas para *¡Cuéntame mucho!*

Así que regresaron a Puerto Rico para vivir en el edificio abandonado. Fueron al edificio, pero no estaba abandonado, sino que estaba lleno de gente. La gente bailaba, se reía y vivía muy feliz. Buscaron al chico en el edificio, pero no lo encontraron- No había ni una persona que estuviera de mal humor, y la familia, muy confundida, salió en busca del chico. Anduvieron por todo Puerto Rico buscando a su hijo y buscando una casa. Todos estaban de muy mal humor porque querían quedarse en una casa y no encontraron ni una. Regresaron al edificio una vez abandonado y preguntaron por el dueño. Pronto, un chico de muy buen humor se acercó a la familia. El padre le dijo: "Queremos vivir en su edificio", pero el chico se puso de mal humor y ¡al instante la familia lo reconoció! El chico de la familia les respondió: "Prefiero que se queden en otra casa. Quiero que salgan de aquí". ¡Qué ironía!

Mini-lectura #2 para Mini-cuento A

oye   no la obedece   lo/ la atrapa violentamente

Version 1

Había una familia de ratones que vivía en Los Gatos, CA. Vivir en Los Gatos, CA era muy peligroso para un ratón. La madre de la familia siempre estaba de mal humor porque había miles de gatos que querían atrapar violentamente a sus hijos, los ratoncitos. Los ratoncitos siempre estaban de mal humor porque no querían quedarse en casa, pero su madre siempre les decía: "No quiero que salgan de la casa. Prefiero que se queden en la casa porque hay gatos que les van a atrapar. ¡Obedézcanme!".

Todos los días, los ratoncitos obedecían a su madre. La obedecían porque tenían miedo de ser atrapados por un gato. Todos estaban de muy mal humor, así que la familia decidió vivir en otra ciudad. Fueron a Boca Ratón, FL, y allí estaban de buen humor. No había gatos en Boca Ratón, sino muchos ¡ratones! Los ratoncitos no tenían miedo de ser atrapados y tampoco su madre. Su madre les decía: "Prefiero que se queden afuera para jugar", y los ratoncitos la obedecían.

Un día, mientras jugaban afuera, un ratón enorme se acercó a los ratoncitos. Tenía una boca gigante y los ratoncitos tenían miedo. El ratón atrapó violentamente a los ratoncitos y los metió a todos en su boca grande. La madre lo vio y le gritó: "¡Deja a mis hijos!". Pero el ratón no la obedeció. ¡Pobre ratoncitos!

Version 2

Había una familia de ratones que vivía en Los Gatos, CA. Vivir en Los Gatos, CA era muy peligroso para un ratón. La madre de la familia siempre estaba de mal humor porque había miles de gatos que querían atrapar violentamente a sus hijos, los ratoncitos. Los ratoncitos siempre estaban de mal humor porque no querían quedarse en casa, pero su madre siempre les decía: "No quiero que salgan de la casa. Prefiero que se queden en la casa porque hay gatos que les van a atrapar. ¡Obedézcanme!". Todos los días, los ratoncitos obedecían a su madre. La obedecían porque tenían miedo de ser atrapados por un gato.

Un día, los ratoncitos, que estaban de muy mal humor, no obedecieron a su madre y salieron de la casa. Jugaban afuera y pronto, su madre los vio. Les gritó: "Prefiero que se queden en casa.

¡Vengan!". Los ratoncitos la obedecieron y entraron en la casa. Estaban de mal humor porque preferían no quedarse en casa.

Al día siguiente, los ratoncitos, estaban de muy mal humor y no obedecieron a su madre. Salieron de la casa para jugar afuera. Mientras jugaban, un gato grande se acercó a los ratoncitos. Los ratoncitos vieron al gato y gritaron: "¡Mamá, mamá, un gato! ¡El gato va a atraparnos!". De repente, el gato atrapó violentamente a un ratoncito y todos lloraron, excepto le madre. Ella se acercó al gato y le gritó: "¡Guau guau!".   El gato se asustó1, dejó al ratoncito y salió corriendo.

Rápidamente, la familia entró en la casa y la madre les dijo a sus hijos: "Prefiero que se queden en la casa. No quiero que salgan porque un gato puede atraparles violentamente. Mejor que se queden en la casa conmigo y aprendan 'Perronés', la lengua de los perros". Desde este día, los ratoncitos la obedecieron a su madre y se quedaron en casa. Hoy día todos hablan 'Perronés'.

Mini-lectura #1 para Mini-cuento B

engorda/engordó   *en vez de*   *está/estaba de moda*

Version 1

Carla es una chica moderna. Vive en una casa muy pequeña porque las casas pequeñas están de moda. El arquitecto que hizo su casa construyó puertas muy pequeñas también (Las puertas pequeñas están de moda también). También tiene un hipopótamo porque los hipopótamos están de moda también. Se llama Gordito, y en vez de vivir afuera, vive dentro de la casa con Carla. Él es muy feliz en la casa pero es difícil pasar por las puertas porque pesa 300 toneladas. Engorda 34,5 gramos cada día. Un día, **había engordado**[1] tanto que no pudo pasar por la puerta para salir. Preocupada, Carla fue a la tienda y compró una tonelada de Vaseline™. Puso la Vaseline en el cuerpo entero y a duras penas lo empujó por la puerta. ¡Ahora los hipopótamos con Vaseline están de moda!

[1]**had gained weight**

Version 2

Carla era una chica moderna. Hacía todo para estar de moda: Vivía en una casa muy pequeña; tenía un hipopótamo; y entrenaba a su hipo. El arquitecto que hizo su casa pequeñita, construyó puertas muy pequeñas también. La casa estaba muy de moda. Su hipopótamo, un bebé que se llamaba Gordito, estaba de moda también. En vez de vivir afuera, vivía dentro de la casa con Carla. Cada día Carla trataba de entrenarlo para que se siente, para que lleve gente a caballo; para que haga "su trabajo personal" (sus cosas) en el baño y para que cocine. Era muy inteligente y aprendía rápido. Era bueno para Carla porque los hipos entrenados estaban de moda.

Como todos los hipopótamos, comía mucho y engordaba 100 gramos cada día. Carla estaba muy contenta porque él engordaba normalmente como todos los bebés hipopótamos. Durante las primeras semanas de vida, los hipopótamos engordan más de 100 gramos. Luego de los tres meses, ellos engordan 99 al día. ¡Gordito engordó bastante! En vez de engordar 100 gramos, Gordito engordó más de 211 gramos. Tener un hipo muy gordo estaba de moda, así que Carla estaba muy contenta. Gordito estaba feliz también, pero era difícil pasar por las puertas porque era muy gordo. Pesaba más de 2.093 toneladas.

Cada día Gordito salía con Carla a todas partes. A Carla le gustaba montar a hipopótamo porque estaba de moda. Pero un día Gordito no pudo pasar por la puerta para salir con Carla. Había engordado tanto que no pudo pasar por la puerta. Trató de pasar por la ventana pero no pudo pasar por ahí tampoco. Esto era realmente un problema porque Carla nunca salía sin Gordito porque quería estar a la moda. Así que Carla y Gordito se pusieron muy tristes.

Las siguientes semanas fueron muy tristes. Carla salía sin Gordito y Gordito se quedaba en casa mirando la televisión. Un día, en la tele vio un anuncio de Jenny Craig™. Llamó al número en la pantalla y le contó su triste historia. La agente de Jenny Craig le dijo que su compañía no podía ayudarle porque era un hipopótamo. Así, Gordito se puso aun más triste y siguió comiendo y comiendo... hasta que un día explotó. **¡Qué lío!**[1]

[1]**What a mess!**

Mini-lectura #2 para Mini-cuento B

trepa/trepaba/trepó a la cima   *baja/bajó de peso*   *se pone/se puso enojado*

Version 1

Carla, una chica de moda, estaba da mal humor porque su hipo explotó. Ya no estaba de moda porque ya no tenía un hipo gordo. Carla buscó a los hermanos de su hipo y pronto los encontró. Trabajaban en una panadería y ¡eran gordísimos! Carla los vio y se enojó mucho. Les dijo: "¡Ustedes son muy gordos! Si no bajan de peso, van a explotar como su hermano, Gordo. ¡Deben trepar a la cima de la montaña para bajar de peso!". Los hipos se enojaron y se ofendieron mucho. No la obedecieron a Carla y no bajaron de peso. Uno por uno, explotaron hasta que sólo se quedó un hipo. Carla realmente quería estar de moda con un hipo gordo, y el hipo quería bajar de peso. El hipo decidió vivir con Carla y los dos trepaban a la cima de la montaña veintidós veces a la semana. El hipo bajó de peso y todos se pusieron felices- Carla, porque estaba de moda otra vez y el hipo porque no explotó.

Version 2

Carla estaba de mal humor porque quería estar de moda. Ser flaca estaba de moda y Carla estaba muy flaca. Tener un hipo gordo también estaba de moda, pero su hipo explotó. Aunque ella estaba flaca, no estaba de moda porque ya no tenía un hipo gordo. Con esperanzas de estar de moda, Carla decidió buscar a otro hipo. Preguntó a una amiga sobre una familia de hipos que supuestamente vivía en la cima de una montaña en Chile: "Oye, Margarita, ¿qué sabes de una familia de hipos que vive en la cima de una montaña en Chile?". Su amiga le respondió: "Eres tonta. No hay una familia de hipos que vive en la cima de una montaña". Carla se enojó y salió en busca de los hipos.

Carla fue a Chile y trepó a la cima de la montaña 'Ojos del Salado'. Trepó durante veintidós horas y por fin llegó a la cima. Carla se enojó porque no había ni un hipopótamo en la cima. Ella bajó de la montaña y bajó un poco de peso. Al día siguiente, Carla trepó a la cima de la montaña 'Bonete'. Trepó durante diecisiete horas y por fin llegó a la cima. Carla se enojó porque no había ni un hipopótamo en la cima. Ella bajó de la montaña y bajó un poco más de peso. Al tercer día, Carla trepó a la cima de la montaña 'Tupungato'. Trepó durante quince horas y por fin llegó a la cima. Carla se enojó porque no había ni un hipopótamo en la cima. Ella se bajó de la montaña y bajó un poco más de peso. Sin hipo y ahora muy, muy flaca, Carla decidió volver a casa, así que fue al aeropuerto.

En el aeropuerto, Carla vio a ¡un hipopótamo gordísimo! Ella se puso feliz e invitó al hipo a vivir con ella: "Quiero que te quedes en mi casa". El hipo aceptó, pero había un problema: No permitían hipos en el avión. Así que, Carla y el hipo salieron a pie. Treparon por las montañas de Sudamérica y treparon por las montañas de México y de Arizona. Treparon durante once días y por fin, llegaron a la casa de Carla que estaba en la cima de una montaña en Utah. Al llegar a la casa, ¡Carla estaba flaquísima! ¡Sólo pesaba veintitrés kilos! Ahora en casa, ella estaba muy contenta hasta que descubrió que ya no estaba de moda ser flaca y tampoco estaba de moda tener un hipo. ¡Qué desgracia!

Mini-lectura #1 para Mini-cuento C

se da/se dio mucha prisa   *le cae/le cayó bien*   *sube la escalera*

Version 1

Julieta era una chica que vivía arriba de una escalera. Ella nunca bajaba de la escalera porque todo el tiempo esperaba a su príncipe. Estaba de moda tener un príncipe, así que nunca bajaba de la escalera y tampoco dejaba a nadie subir la escalera si no era un príncipe.

Un día, un príncipe llegó a su escalera y le habló. Julieta se dio mucha prisa y se vistió muy rápido. Con prisa, bajó la escalera, pero a ella no le cayó bien el príncipe porque necesitaba bañarse. ¡Puaj! Así, el príncipe se dio mucha prisa para bañarse en un río cercano. Se bañó en el agua y se dio mucha prisa para regresar a la escalera de Julieta. Él subió la escalera y dejó agua por toda la escalera. Julieta le dijo: "Prefiero que te quedes abajo", así que el príncipe se bajó de la escalera. Julieta se dio prisa para bajarse de la escalera y se cayó en el agua. Ella se enojó y obviamente, al príncipe no le cayó bien. ¡Qué lástima!

Version 2

Había una chica que se llamaba Julieta. Julieta vivía arriba de una escalera. Hacía todo con mucha prisa y pensaba que un día se casaría con un príncipe, pero tendría que ser un príncipe que viviera arriba de una escalera como ella. A ella le cayó bien un amigo que también vivía en una escalera. Pero como él no era un príncipe, ella no quería casarse con él. ¡Seguro que Julieta sólo iba a casarse con un príncipe que viviera arriba de una escalera!

Había un príncipe que se llamaba Romeo. Un día Julieta lo vio y le cayó bien. Desde que vio al príncipe, Julieta nunca bajaba de su escalera porque todo el tiempo esperaba a Romeo. Un día, Romeo llegó a la escalera de Julieta y le habló. Ella se dio mucha prisa y se vistió de moda muy rápido. Bajó de la escalera y estaba muy emocionada. A ella le caía bien el príncipe, pero ese día, Romeo estaba un poco sudado. Él quería caerle bien a Julieta, pero en ese momento no le cayó bien. ¡Olía mal! Así, ella se dio mucha prisa y subió la escalera.

Mini-lecturas para *¡Cuéntame mucho!*

Desesperado, Romeo agarró la escalera de Julieta y llevó a Julieta (y su escalera) hasta un río cercano. Julieta miraba a Romeo mientras éste se bañaba en el río. Después de bañarse, Romeo se vio muy bello y al instante, le cayó muy bien a Julieta. Julieta se dio mucha prisa para bajarse de la escalera, pero se tropezó y se cayó. Estaba muy sucia, pero sin embargo, ella se levantó con prisa y corrió hacia Romeo. En ese momento, Julieta no le cayó bien a Romeo porque estaba muy sucia. Julieta se dio prisa para bañarse en el río. Al salir del agua, se vio muy bella y en ese momento, le cayó muy bien a Romeo. Romeo se acercó a Julieta y Julieta le dio un gran beso. Inmediatamente, Romeo se convirtió en una **rana**[1]. Julieta gritó y se fue corriendo. Fue a la escalera de su amigo y se casó con él. Hoy en día, a Julieta no le caen bien los príncipes.

    [1]**frog**

Mini-lectura #2 para Mini-cuento C

vuelve la cara   *tiene ganas*   *quiero que me acompañes*

Version 1

Había una chica muy independiente. No escuchaba a nadie y no obedecía a sus padres para nada. Cuando sus padres le decían: "Limpia tu cuarto", ella volvía la cara y no lo hacía. Siempre les respondía: "No. No tengo ganas de limpiar". Cuando le decían: "Estudia", ella volvía la cara y les respondía: "No. no tengo ganas de estudiar". Ella no quería hacer ninguna de las tareas que sus padres le pedían, así que un día sus padres le dijeron: "Queremos que nos acompañes a un psicólogo". Ella volvió la cara y les respondió: "No tengo ganas de ir al psicólogo", así que sus padres invitaron al psicólogo a la casa.

Cuando el psicólogo llegó a la casa, los padres le dijeron: "Queremos que nos acompañe al cuarto de nuestra hija". Los tres entraron en el cuarto de la chica y ella volvió la cara. Nunca miró al psicólogo, que era el hermano de Leonardo DiCaprio y que era más guapo que él. Ella les respondió: "No tengo ganas de explicarle mis problemas a un psicólogo tonto". El psicólogo se enojó y salió de la casa, y cuando la chica lo vio por la ventana, ella le gritó: "¡Pero sí tengo ganas de explicarme a un psicólogo guapo!". El psicólogo volvió la cara y salió. Desde ese día la chica obedece a sus padres y ya no les dice que no tienes ganas de limpiar, ni de estudiar.

Version 2

Había una chica muy independiente. Se llamaba Katrina y no escuchaba a nadie y no obedecía a sus padres para nada. Cuando sus padres le decían: "Limpia la casa", ella volvía la cara y no lo hacía. Siempre les respondía: "No. No tengo ganas de limpiar". Cuando le decían: "Haz la tarea", ella volvía la cara y les respondía: "No. no tengo ganas de hacer mi tarea". Ella no quería hacer ninguna de las tareas que sus padres le pedían, así que un día sus padres le dijeron: "Queremos que nos acompañes a una consejera". Ella volvió la cara y les respondió: "No tengo ganas de ir a una consejera", así que sus padres le dijeron: "Queremos que nos acompañes a un psicólogo". Ella volvió la cara y les respondió: "No tengo ganas de ir a un psicólogo tampoco". Sus padres estaban muy fatigados y por fin le dijeron: "Queremos que nos acompañes a 'Jerry Springer'". La chica no volvió la cara y no se negó a ir a 'Jerry Springer'.

Al día siguiente, Katrina y sus padres fueron al show de Jerry Springer. El tema fue 'Mi hijo(a) no tiene ganas', así que Jerry invitó a la familia a participar en el show. Los chicos se sentaron con Jerry en frente de las cámaras mientras los padres esperaron atrás. Los chicos eran muy rebeldes y volvieron la cara cada vez que Jerry les hizo una pregunta. Jerry les preguntó por qué volvieron la cara y ellos le respondieron: "Porque no tenemos ganas de mirarle". Jerry se dio cuenta de que la situación era muy grave, así que llamó a un experto en 'adolescentes que no tienen ganas'. El experto les preguntó a los chicos: "¿Tienen ganas de vivir independientemente? ¿Quieren que les tratemos como adultos?". Por primera vez, los chicos respondieron, "¡Sí!".

El experto les explicó las reglas de vivir independiente: 1.) Sus padres no pueden pedirles nada. 2.) No tienen que hacer nada si no tienen ganas. 3.) No pueden vivir con sus padres ni con ningún familiar. Tienen que vivir en forma totalmente independiente.

Los chicos estaban muy contentos y le suplicaron al experto: "Por favor, queremos empezar ahora". "Está bien", les respondió. "Sólo tienen que bajarse de la escalera y ya serán adultos". Los chicos se bajaron de la escalera y al instante se convirtieron en adultos. No tenían casa, ni dinero, ni trabajo, ni ningún medio de transporte. ¡No tenían nada! Cuando se dieron cuenta de que habían cometido un gran error, se subieron a la escalera lo más rápido posible. Llamaron al experto: "Por favor, cámbianos la mente", pero él volvió la cara. Los chicos se fueron corriendo a su casa y pidieron ayuda a sus padres, pero los padres le volvieron la cara. Katrina empezó a llorar y tocó a la puerta. Les gritó a sus padres: "Por favor, ¡abran la puerta!". De repente, sus padres abrieron la puerta y Katrina se despertó. "Katrina, haz la tarea, por favor", y Katrina les respondió "¡Claro que si!".

Mini-lectura #1 para Mini-cuento D

se divierte/se divirtió   está/estuvo tan agradecido   se llenan/se llenaron de lágrimas

Version 1

Había un chico que era muy rebelde. Un día le dijo a su padre: "Papá, ya no quiero vivir en el rancho con la familia. Dame dinero para divertirme en la ciudad". El padre estaba muy triste y sus ojos se llenaron de lágrimas, pero le dio dinero a su hijo para que pudiera divertirse en la ciudad. ¡El chico se divertía mucho! Vivía en un apartamento elegante y hacía fiestas todos los días. Estaba muy agradecido porque se divertía tanto. Pero muy pronto, el dinero **se acabó**[1] y el chico no pudo pagar el apartamento ni la comida. Sus ojos se llenaron de lágrimas porque ya no se divertía mucho. Él andaba por la ciudad buscando ayuda, pero no encontró a nadie con ganas de ayudarlo. Todo el mundo volvía la cara y se negaba a darle dinero, ni siquiera un centavo. El pobre chico regresó a casa, pero al llegar, se dio cuenta de que su familia **se había mudado**[2]. Es obvio que sus ojos se llenaron de lágrimas y el chico lloró como un bebé.

[1] **ran out**   [2] **had moved**

Version 2

Había un chico que era muy rebelde. Se llamaba Malvado y vivía con su padre y su hermano en un rancho en Venezuela. Un día, Malvado le dijo a su padre: "Papá, ya no quiero vivir en el rancho. Dame dinero para divertirme en la ciudad". El padre estaba muy triste y sus ojos se llenaron de lágrimas, pero le dio dinero a su hijo para que pudiera divertirse en la ciudad. Malvado se fue a la ciudad mientras su padre y su hermano trabajaban en el rancho. El hermano de Malvado no se divertía para nada y por eso, se quejaba: "Mi hermano se divierte en la ciudad mientras yo trabajo en el rancho".

¡Malvado se divertía mucho! Vivía en una mansión y tenía muchas novias. Hacía fiestas todos los días. Malvado estaba muy agradecido porque se divertía mucho. Estaba tan agradecido que sus ojos se llenaban de lágrimas frecuentemente. Un día, Malvado fue al banco para sacar dinero y se dio cuenta de que se le había acabado el dinero. El banquero le dijo: "Lo siento, pero Ud. sólo tiene $4.56 bolívares. Al instante, sus ojos se llenaron de lágrimas y Malvado pensó: ¿Cómo voy a pagar la mansión y la comida? ¿Cómo voy a hacer fiestas? No voy a divertirme para nada".

Malvado decidió buscar ayuda. Él andaba por la ciudad buscando a una persona generosa con ganas de ayudarlo. Pero nadie tenía ganas de ayudar a Malvado. Todos volvieron la cara y se negaron a darle dinero, ni siquiera un centavo. Malvado decidió buscar un trabajo, así que fue a McDonalds. Pensó: "Me divertiría trabajando en McDonalds", pero el dueño de McDonalds le dijo: "Lo siento, no tenemos trabajo para ti". Los ojos de Malvado se llenaron de lágrimas y él fue a buscar trabajo en el circo. Pensó: "Me divertiría trabajando en un circo", pero el dueño del circo se negó a darle trabajo. Otra vez sus ojos se llenaron de lágrimas y por fin, Malvado fue a una **finca de cochinos**[1]. Pensó: "No voy a divertirme trabajando en una finca de cochinos, pero no hay más remedio". El dueño de la finca le ofreció un trabajo y Malvado estaba tan agradecido que sus ojos se llenaron de lágrimas. Él no se divertía para nada en la finca. El dueño sólo le pagaba un bolívar por semana y Malvado estaba tan pobre que comía la comida de los cochinos.

Después de cinco meses, Malvado decidió regresar a su casa para pedir disculpas a su padre. Cuando llegó, su padre le agradeció muy emocionado que hubiera regresado a casa. Exclamó: "Mi hijo estaba muerto y **ha vuelto**[2] a la vida; estaba perdido, pero aquí está". Sus ojos se llenaron de lágrimas y el padre fue corriendo para saludar a su hijo. El hijo le pidió disculpas y su padre lo perdonó. El hijo estaba tan agradecido que sus ojos se llenaron de lágrimas. Su hermano, al contrario, estaba muy enojado y celoso; y nunca más se divirtió durante el resto de su vida.

[1] **pig farm**   [2] **has returned**

Mini-lectura #2 para Mini-cuento D

cepillo de dientes　　　　　　_se desmaya_　　　　　　_no quiere que vaya_

Version 1

Berna, una estudiante de odontología, llamó al Presidente para invitarlo a comer en su apartamento. El presidente aceptó la invitación y Berna se emocionó tanto que sus ojos se llenaron de lágrimas y ella se desmayó. Cuando se despertó, Berna se preocupó porque ella no tenía un cepillo de dientes apropiado para el Presidente. Berna quería regalarle un cepillo de su color favorito, así que llamó a la Casa Blanca. Les preguntó a los agentes del Servicio Secreto: "¿De qué color es el cepillo de dientes del Presidente?". Los agentes no querían decirle nada del cepillo que usaba el Presidente porque era un gran secreto del estado. Así, ellos pensaron que Berna era una espía.

El agente del Servicio Secreto entró en la sala oval del Presidente y le dijo: "No quiero que vaya a la casa de esa mujer, Berna. No quiero que vaya porque ella es una espía". Los agentes cancelaron la cita y Berna se desmayó otra vez. ¡Pobre Berna!

Version 2

Berna, una dentista de Washington DC, invitó al presidente a comer a su casa. El Presidente aceptó la invitación y Berna se desmayó de la emoción. Cuando se despertó, pensaba en un regalo apropiado para el Presidente. Decidió comprarle un cepillo de dientes especial. Quería un cepillo con muchos usos: un cepillo que era muy rápido, que limpiaba los dientes, que cortaba los pelitos de la nariz, que limpiaba las orejas y que limpiaba las uñas.

Berna buscó el cepillo en todas las tiendas de Washington DC, pero no lo encontró. Así que decidió viajar a Nueva York. Su madre estaba muy preocupada y con lágrimas en sus ojos, le dijo a su hija: "No quiero que vayas a Nueva York. Es una ciudad muy peligrosa." Berna no escuchó a su madre y se fue a Nueva York para buscar el cepillo. Fue a Bloomingdales, a Barney's New York y a Bergdorf Goodman, pero no encontró el cepillo. Estaba tan desilusionada que se desmayó en medio de la Quinta Avenida.

Berna iba a ir a San Francisco para buscar el cepillo, pero su madre le dijo: "No quiero que vayas a San Francisco. Está muy lejos. ¿Por qué no buscas el cepillo en el Internet?". Berna decidió buscar en el Internet. Visitó sitios de dentistas, de tiendas y de inventores. Finalmente, visitó el sitio de NASA, donde leyó notas acerca de un cepillo de dientes secreto. Berna estaba muy emocionada y decidió viajar a NASA para investigar el cepillo. Berna pidió una cita a un oficial de NASA, pero él se negó. Luego, trató de entrar en las oficinas de NASA, pero la detectaron y no la dejaron entrar. Desesperada, Berna se puso la ropa de astronauta y entró en las oficinas de NASA. Andaba por las oficinas secretas buscando el cepillo secreto. Por fin, lo encontró y cuando lo vio, se desmayó al instante.

Berna se despertó y experimentó con el cepillo. Estaba muy emocionada porque el cepillo podía hacer todo: limpiaba los dientes, cortaba los pelitos de la nariz, limpiaba las orejas y limpiaba las uñas. Berna agarró el cepillo y salió corriendo de NASA. Regresó a casa con el cepillo especial y por fin, estaba lista para la visita del Presidente. Justo en ese momento el teléfono sonó y era un agente del Servicio Secreto: "Lo siento, Berna, pero el Presidente no puede ir a su casa. ¡Pobre Berna! Se había producido un robo en NASA y el Presidente tenía que investigarlo".

Capítulo cuatro:
Un deseo prudente

Mini-lectura #1 para Mini-cuento A

rema/remó al medio　　　　*se hunde/se hundió*　　　　*jala/jaló con toda la fuerza*

Version 1

Adrián era un chico que vivía en el medio de una montaña. De tanto subir y bajar la montaña sus piernas eran fuertes como rocas, pero sus brazos eran débiles como espaguetis. Una vez Adrián jaló una puerta y la puerta no abrió. Jaló con toda la fuerza, pero no pudo abrir la puerta. Adrián buscó soluciones en el Internet y descubrió que remar era buen ejercicio para los brazos. Así que decidió remar para fortalecer sus brazos, pero no pudo remar en la montaña. Quería remar en un río cercano, pero su mamá le dijo: "No quiero que vayas al río. Es muy peligroso. El barco va a hundirse si remas al medio del río". Pero Adrián no escuchó a su madre y se fue a remar hasta el medio del río. Sus brazos eran tan débiles que casi no podía levantar los remos. A duras penas, remó hasta el medio del río, pero se cansó y no pudo remar más. Estaba atrapado en el medio del río y poco a poco su barco se hundió y Adrián, con sus brazos de espaguetis, también terminó en el fondo del río. ¡Qué peligroso es remar!

Version 2

Adrián era un chico que vivía en el medio de una montaña. De tanto subir y bajar la montaña sus piernas eran fuertes como rocas, pero sus brazos eran débiles como espaguetis. Cuando jalaba una puerta, la puerta nunca se abría. Si la jalaba con toda su fuerza, era un milagro si la puerta se movía más que una pulgada. Así que decidió remar para fortalecer sus brazos, pero no podía remar en la montaña. Él, a veces, iba a remar a un río cercano, pero en secreto, porque su mamá siempre le decía: "No quiero que vayas al río".

La madre de Adrián les tenía miedo a los **tiburones**[1] que vivían en el río. Siempre le decía a Adrián: "No quiero que vayas al río porque hay tiburones en el río que van a morder tu barco y tu barco va a hundirse. Si tu barco se hunde en medio del río, ¿cómo vas a nadar con tus brazos de espaguetis?". Todos les tenían miedo a los tiburones y por eso nadie remaba hasta el medio del río, ni se metía en el agua allí- Nadie excepto Adrián. Adrián remaba en secreto todos los días hasta el medio del río. Le encantaba remar hasta el medio del río porque se hizo amigo de los tiburones que vivían allí. A los tiburones les gustó Adrián y ellos jalaban a la lancha cuando Adrián no podía remar más.

Un día, Adrián se fue al río a remar. Mientras remaba hasta el medio del río, cantó esta canción: "¡Que lindo es remar! Prefiero remar hasta el medio del mar". Cuando llegó al medio del río, vio a sus amigos, los tiburones. Habló con los tiburones y no se dio cuenta de que mientras hablaban los tiburones le robaban sus remos. Entonces, cuando quiso remar, no podía porque no tenía sus remos. Sus amigos, los tiburones, le dijeron que debía meterse en el agua en el medio del río para nadar hasta la **orilla**[2].

Así que Adrián se metió en el agua y empezó a nadar. Inmediatamente, los tiburones mordieron su barco y el barco se hundió. Luego, mordieron a Adrián y ¡le comieron los brazos, una oreja y la nariz! (No le comieron las piernas porque eran tan fuertes que parecían rocas). De milagro, Adrián no se hundió, sino que siguió nadando hasta la orilla. Llegó a la orilla y se fue a un cirujano plástico para que reparara sus heridas sin que su mamá supiera. El doctor le puso unos brazos nuevos y muy fuertes, y Adrián estaba muy contento. **Su mamá nunca se hubiera enterado de lo sucedido si el doctor no le hubiera puesto**[3] una nariz de cochino. "¡Qué peligroso es remar!"

[1]**sharks**   [2]**shore**
[3]**His mother would never have known what had happened if the doctor hadn't put**

Mini-lectura #2 para Mini-cuento A

le salva/le salvó la vida   *tiene/tenía una lancha*   *sobrevive/sobrevivió*

Version 1

Pulgarcito era un chico muy pequeñito que vivía en una ciudad muy pequeñita y tenía una lancha tan chiquita como él. Toda la gente de esa ciudad tenía una lancha, pero nadie tenía una lancha como la de Pulgarcito. Pulgarcito era un héroe porque siempre salvaba vidas con su lancha. Mucha gente sobrevivió gracias a que Pulgarcito siempre tenía la lancha preparada para salvar vidas. Un día, Pulgarcito vio que una lancha grande se hundió. Él se acercó y vio a muchas personas en el agua. La lancha de Pulgarcito era tan pequeña que sólo podía salvarle la vida a una persona. Él no sabía a quién debía salvarle la vida, así que les tomó un examen de natación y salvó a las personas que no nadaban bien. ¡Qué héroe más inteligente!

Version 2

Había un chico muy pequeñito que se llamaba Pulgarcito. Vivía en una ciudad muy pequeñita. Pulgarcito sólo medía un metro, 3.5 centímetros y pesaba 36 kilos. Tenía una lancha tan pequeñita como él, pero cuando llovía no salía porque su lancha era tan diminuta que se hundía fácilmente. Sin embargo, la lancha era muy especial porque servía como bote salvavidas. En la ciudad de Pulgarcito, todo el mundo tenía una lancha que guardaba en un puerto muy pequeñito. La lancha de Pulgarcito era más pequeña que las otras, pero no obstante, podía salvar muchas vidas porque era muy rápida. Si alguna lancha se hundía, Pulgarcito iba rápidamente (más de 74 kph) en su lancha para salvar cualquier vida. Pulgarcito les salvó la vida a todos. Era muy valiente. Por supuesto, ¡fue un héroe!

Un día, Pulgarcito vio que un crucero se hundió. Él se acercó y vio a muchas personas en el agua. Había un doctor, un abogado, un pastor religioso, una modelo, un maestro, un millonario y varias otras personas. Todos querían sobrevivir y todos le suplicaron: "Por favor, sálvame la vida". La lancha de Pulgarcito era tan pequeñita que sólo podía salvarle la vida a una persona. Él no sabía a quién debía salvarle la vida. ¡Era un gran dilema!

Pulgarcito pensó: Si salvara la vida de la modelo y ella sobreviviera, podría casarme con ella. Si salvara la vida del doctor y él sobreviviera, me podría dar tratamiento médico gratis toda la vida. Posiblemente me salvará la vida a mí algún día. Si salvara la vida al maestro, él podría enseñarme cosas complicadas y me haría un genio. Si salvara la vida al abogado y él sobreviviera, podría representarme en un tribunal. Si salvara la vida al pastor y él sobreviviera, podría rezar por mí. Si salvara la vida al millonario y él sobreviviera, podría darme mucho dinero. Posiblemente me daría un millón de dólares por salvarle la vida. Si salvara la vida a otra persona, estaría salvando la vida a una madre o a un padre.

Pulgarcito pensaba a quién debía salvarle la vida, y mientras pensaba, todas las personas se hundieron. Nadie sobrevivió. ¡Qué héroe más indeciso!

Mini-lectura #1 para Mini-cuento B

va a pescar/iba a pescar/fue a pescar   le sale/le salió un grano   le da/le dio el castigo

Version 1

El viernes, Javier y sus amigos tenían ganas de ir a pescar al río. Javier tenía que pedirle permiso a su madre, pero no quería porque sus notas en las clases eran horribles. Su mamá siempre buscaba castigos efectivos porque sacaba muy malas notas. Hace tres meses, le dio un castigo inefectivo: no jugar a los videojuegos. El castigo no sirvió y Javier todavía sacaba malas notas. Luego le dio otro castigo: no jugar con los amigos. Este castigo tampoco sirvió, así que la madre inventó castigos raros como bailar la macarena con su hermanita y cantar 'La cucaracha' frente a la casa. El castigo más raro fue obligar a Javier a ponerse una crema para hacer crecer granos.

Con esa crema, los granos crecían en cualquier parte. Si le daba la crema en la mañana, salía un grano en la tarde. Si le daba la crema en la tarde, salía un grano en la noche. Si le daba la crema en la noche, le salía un grano mientras dormía. El viernes, la mamá le dio la crema a las ocho de la mañana, y pronto le salió un grano enorme en el dedo. Javier todavía tenía ganas de pescar, aunque era difícil porque el grano era muy doloroso. Sin embargo, Javier fue al río y metió el dedo en el agua. De repente, un pez grande lo mordió y explotó el grano. Su dedo ya no le dolía y Javier atrapó al pez grande. Pensaba: "Espero que Mamá siempre me dé el castigo de los granos. ¡Me ayuda a pescar!" ¡Qué castigo inútil!"

Version 2

La señora Salazar tenía un problema: su hijo, Javier, siempre sacaba malas notas. La señora quería ayudar a su hijo, pero no todo lo que hacía era eficaz. Desesperada, ella llamó a 'Pregúntale a Juana' para pedirle un consejo. Juana le respondió: "Tienes que darle un castigo", así que la señora le dio varios castigos. El primer castigo fue no permitir que Javier fuera a pescar, pero cuando le dio el castigo, Javier se desmayó y sufrió convulsiones. Por eso, la mamá permitió que

Javier fuera a pescar, pero inventó otros castigos. Le dio muchos castigos diferentes. Le dio el castigo de tender las camas. Le dio el castigo de limpiar el cuarto de su hermanita. Le dio el castigo de llevar puesta la misma ropa durante tres días. Pero ningún castigo era eficaz.

La señora estaba desesperada, así que pidió consejos en el Internet. Estableció un sitio llamado 'www.castigosparaJavier.com. Muchas personas respondieron a su petición. Los castigos eran muy interesantes: Castigo #1: jalarle las orejas; Castigo #2: afeitarle la cabeza; Castigo #3: torcerle la nariz; Castigo #4: insistir en que duerma afuera encima de las piedras; Castigo #5: pintarle las uñas. La señora recibió más de 1,233,018 castigos, pero su castigo preferido era Castigo #789: ponerle una crema para que le crezcan granos.

Ella compró la crema para el castigo #789 en una farmacia que se llamaba "Un buen castigo". Ella compró otras cremas también, incluso 'Granos Grow' y 'Granos Grandotes' en otras farmacias, pero la farmacia 'Un buen castigo' era la más cercana a su casa. Los granos le salían de varias maneras. Por ejemplo, si le daba la crema a las ocho de la noche, le salía un grano debajo de la nariz. Si se la daban a la medianoche, le salían 4 granos en el brazo izquierdo. Si se la daba a las seis de la mañana, le salía un grano que se movía por todo el cuerpo. A Javier no le gustó este castigo para nada, pero prefería más la crema que no poder pescar. La señora se hizo muy popular con las otras madres y pronto, todas las madres de los amigos de Javier les daban el castigo de la crema a sus hijos. A los chicos no les gustó el castigo para nada, pero no se quejaban mucho porque todavía podían ir a pescar.

Un día Javier fue a pescar con sus amigos. Todos los chicos recibieron castigos por la mañana y todos tenían granos. Pero Javier tenía un grano muy doloroso que le había salido en el dedo. El grano era muy doloroso y así era muy difícil pescar. Mientras pescaba, su amigo Sebastián gritó: "¡Ay de mí! ¡Me está saliendo un grano enorme!". Todos lo miraron con horror mientras un grano gigante le salía en la cabeza. Sebastián tuvo pánico y se fue corriendo al río. Se metió en el agua, pero el grano era tan grande que Sebastián se hundió al instante. Los amigos trataron de pescarlo para salvarle la vida, pero el grano era demasiado grande. Nadie podía salvarle la vida y el pobre Sebastián no sobrevivió. ¡Qué castigo horrible!

Mini-lectura #2 para Mini-cuento B

es más grande que   *no es justa(o)/no era justa(o)*   *está/estaba desordenado*

Version 1

En la clase de Español 3, La señora Marquez está enseñando los distintos tipos de animales que viven en Sudamérica. Aunque la clase siempre está desordenada, los estudiantes aprenden mucho. Ya aprendieron que Sudamérica es muy grande, mucho más que Centroamérica. Hay billones de mosquitos en Sudamérica y por eso, los Sudamericanos son muy desordenados, porque pasan todo el tiempo tratando de matar mosquitos. Un mosquito puede ser más grande que una montaña, pero nunca más grande que el Aconcagua, la montaña más alta de Sudamérica. Justo en la cima del Aconcagua vive un mosquito que la gente llama "Monstruo." Allí vive con su prisionera, y la pica cada día. ¡Para ella, la vida no es justa!

Version 2

En la clase de español 3, La señora Marquez está enseñando los distintos tipos de animales que viven en Sudamérica. Aunque la clase siempre está desordenada, los estudiantes aprenden mucho. Ya aprendieron que Sudamérica es más grande que Centroamérica. Incluso es más grande que Europa pero no es más grande que América del Norte. Hay muchos mosquitos en Sudamérica. Por eso, los Sudamericanos son muy desordenados porque pasan todo el tiempo tratando de matar mosquitos. En Sudamerica, un mosquito puede ser más grande que una montaña, pero nunca más grande que el Aconcagua. El Aconcagua, ubicada en Argentina, es la montaña más grande de Sudamérica. En Buenos Aires, la capital de Argentina, hay una fábrica de repelente que es más grande que el Pentágono. Esta fábrica produce el 87% del repelente del mundo. Los argentinos dicen: "¡La vida no es justa! Hay mosquitos más grandes que montañas en nuestro país, y por eso somos muy desordenados. ¡No es justo!"

La Señora Márquez les contó a los estudiantes una leyenda acerca de un mosquito que vive en la cima del Aconcagua. La gente lo llama "Monstruo." La Señora Márquez no entiende esta leyenda, porque normalmente no hay mosquitos donde hace frío. Supuestamente, este mosquito era muy feroz porque para él la vida no era justa. En la cima del Aconcagua no había personas y Monstruo no podía picar a nadie. Además, no era justa porque la fábrica de repelente en Buenos Aires era una molestia grande para él. Frustrado, Monstruo bajó la montaña y fue a la ciudad. Robó a una chica de una escuela muy desordenada y la llevó a la cima del Aconcagua. Todavía viven allí, y Monstruo la pica todos los días. ¡Esto no es justo!

Al oír esta historia, algunas chicas gritaron: "¡Esto no es justo! Tenemos que salvarle la vida." Así que las chicas se fueron a la Argentina para subir al Aconcagua. Algunos chicos las acompañaron pero tuvieron que regresar a Buenos Aires porque eran muy desordenados y no habían llevado su repelente. (**No habría sido justo**[1] usar el repelente de las chicas.) Solas, las chicas se bañaron en una bañera de repelente más grande que el Lago Titicaca. Luego subieron al Aconcagua. Cuando llegaron a la cima, había un cartel que decía: **¡Te conozco mosco!**[2] ¡Esto no era justo!

[1]It wouldn't have been fair   **[2]Gotcha!**

Mini-lectura #1 para Mini-cuento C

suda   *evita/evitó el peligro*   *se aleja de/se alejó de*

Version 1

Juan es un chico muy deportista. Suda mucho pero solamente cuando juega su deporte favorito, el fútbol. Él juega al fútbol casi todos los días y siempre suda galones. Suda tanto que todo el mundo se aleja de él porque realmente es un peligro. La gente se aleja de él para evitar desmayarse del olor o caerse en un piso mojado. Una vez él estaba jugando al fútbol y, como siempre, sudó más de tres galones de sudor. Mientras jugaba y sudaba vio a una chica bella y famosa. Quería hablar con ella y se le acercó. La chica se asustó y se alejó de él para evitar el peligro. (También para evitar el olor.) Mientras ella corría para alejarse, se resbaló en el sudor, se cayó, y quedó inconsciente. Juan se acercó y cuando ella lo olió, se despertó. ¿Estaba agradecida o molesta?

Version 2

Juan es un chico muy deportista. Suda mucho pero solamente cuando juega su deporte favorito, el fútbol. Cuando juega al fútbol, suda galones. Es bueno para su equipo porque no lo persiguen cuando Juan tiene la pelota. Todos los oponentes quieren evitar a Juan. Quieren evitar el peligro de resbalarse en el sudor. Por eso, todos los equipos quieren que Juan juegue con ellos. A veces juega en otros clubes donde van muchas chicas guapas. Una vez Shakira, que juega en ese club, le preguntó a Juan si quería jugar en su equipo. Shakira no sabía nada de su problema. Ella evitó el peligro porque cuando Juan jugaba contra su equipo Shakira estaba en Toronto, Canada, cantando "La Tortura".

Juan siempre suda mientras juega y está muy nervioso. Así, él suda más que lo normal. Él moja su camiseta, su pantalón y hasta sus medias. El día que vio a Shakira, sudó tanto que dejó un **charco**[1] en el suelo. Shakira se dio cuenta y le dijo "No te preocupes. Yo también sudo cuando practico deportes y si estoy nerviosa." Ese día unos fotógrafos (Paparazzi) entraron al club sin permiso. Ellos querían sacarle una foto a Shakira. Ellos querían una foto de ella bien sudada. Pero Shakira nunca quiere que los fotógrafos le saquen fotos mientras está practicando deportes porque suda mucho. Suda tanto que realmente es un peligro estar cerca de ella mientras está sudando. Ella siempre se aleja de los fotógrafos, pero los fotógrafos no se alejan de ella. No les importa el peligro porque quieren una foto de la "Shakira Sudorosa".No quieren evitar el peligro porque una foto vale mas que su salud.

Ese día, los fotógrafos realmente querían una foto de Shakira muy sudada. Shakira se alejó de ellos pero ellos se acercaron al mismo tiempo. La carrera de Shakira estaba en peligro. Los fanáticos no quieren una foto de ella cuando suda. Quieren fotos de Shakira cuando canta, cuando está bella y no cuando ella suda mucho. Juan sabía que ella estaba en peligro. Así que él se acercó a los fotógrafos, y los fotógrafos sabiendo que estaban en peligro, se alejaron de Juan para evitarlo. En realidad se alejaron más por el olor que por el peligro. Evitaron el peligro pero no sacaron una foto, y por eso estaban muy enojados.

Shakira se alejó de los fotógrafos para evitar el peligro. Luego tuvo una idea: agarró la camisa sudorosa de Juan y se acercó a los fotógrafos. Les echó la camisa sudada a los fotógrafos. Ellos se alejaron de la camisa y Shakira agarró sus cámaras y las rompió. Los fotógrafos se alejaron de "la Shakira Peligrosa." Se enojaron e hicieron una **demanda contra**[2] Shakira. El juez le dio este castigo: "Shakira, Ud. va a jugar al fútbol durante dos horas. Mientras esté jugando, los fotógrafos van a sacarle 347 fotos". Durante el partido, Shakira estaba muy nerviosa y sudó más de tres galones de sudor. En ese momento, se dio cuenta de que su carrera estaba en grave peligro. Por eso, se alejó del juez y llamó a varias compañías de desodorante. Hoy día es representante de un desodorante muy famoso. Ya no canta. Sólo juega al fútbol y suda.

[1] **puddle**   [2] **claim/lawsuit**

Mini-lectura #2 para Mini-cuento C

parece /parecía/pareció   *está ausente/estaba ausente*   *desea evitar*

Version 1

Yo vivo en una casa muy moderna. Todo parece nuevo. La cocina es muy grande y parece muy nueva. Parece nueva porque mi madre nunca la usa. Mi mamá desea evitar cocinar porque desea evitar ensuciar la casa. Desea evitar ensuciar la casa porque desea evitar limpiar la casa.

Un día, ella estaba ausente y mi papá decidió cocinar. Preparó pescado pero no parecía pescado, sino que parecía Puppy Chow. Evitó comerlo, pero no podía evitar limpiar la cocina porque mi mamá iba a llegar pronto. Cuando ella llegó, mi papá todavía estaba limpiando la cocina. Para mi madre, él parecía enfermo. Mi mamá vio el Puppy Chow y le dijo a mi padre: "¡Ay! ¿Qué comiste? ¡No cocines más!". Ahora mi padre evita cocinar y mi madre evita estar ausente a la hora de cenar.

Version 2

Me llamo Lorena y vivo en una casa muy moderna. Todo parece nuevo. La cocina es muy grande y parece muy nueva. Parece **como si nunca hubiera sido usada**[1]. En la casa todo parece muy limpio porque mi mamá evita todo lo que puede ensuciar la casa. No permite que mis amigos vengan a casa, no permite cocinar en la cocina y no permite perros ni gatos en la casa. Mi mamá desea evitar cualquier suciedad; pero mi papá, al contrario, es muy desordenado. No desea evitar ninguna suciedad y a él le encanta cocinar. A él no le gusta limpiar para nada y siempre lo evita.

Mi papi no puede cocinar mucho porque mi mamá siempre está en casa, menos los lunes. Los lunes está ausente porque asiste a clases de limpieza. Mientras está ausente, Papá cocina y ensucia la cocina. Comemos sus platos y nos gustan mucho. Luego, mi hermana y yo limpiamos la cocina mientras mi papá hace planes para cocinar el próximo lunes.

Un día mi mamá estaba ausente; se fue a una reunión de madres que quieren evitar cocinar. (MCC - Madres contra la cocina) Mi hermana y yo también estábamos ausentes. Mientras todas nosotras estábamos ausentes, mi papá preparó un gran plato de pescado frito. Quería evitar ensuciar la cocina y por eso usó vinagre en vez de aceite. El olor era horrible, parecía un animal muerto. Mi papá quería evitar problemas con mi mamá y así, comió todo el pescado para que mi mamá no lo viera, ni lo oliera. Resultó que sufría de mal aliento. ¡Muy mal aliento!

Cuando mi mamá llegó a casa, dijo: "Parece que un animal se murió aquí. ¡Puaj! ¡Fuchi!" Mi papá abrazó a mi mamá para besarla, pero el olor era tan fuerte que mi mamá se desmayó. Parecía muerta. Por fin, se despertó y por eso, estuvimos muy agradecidos. Mi pobre papá sufrió de mal aliento durante dos semanas. Mientras tanto, mi mamá evitó abrazarlo y besarlo y estaba ausente frecuentemente. Por fin, mi papi se recuperó y ahora evita cocinar los lunes.

[1]**as if it had never been used**

Mini-lectura #1 para Mini-cuento D

se asusta/se asustó   _cuando era joven_   _no me toques_

Version 1

Tengo una amiga muy bonita que se llama Mariana. Pobre Mariana, no tiene un novio porque siempre evita a los muchachos. Siempre les dice: "No me toques" o "Aléjate de mí". Mariana desea evitar a los muchachos porque cuando era joven, su niñera le dijo que los niños eran malos, que sólo querían una cosa. Cuando Mariana le preguntaba qué querían los niños, la niñera se asustó y le respondió: "Tu sabes". Mariana no sabía, pero ella pensaba y pensaba. Por fin decidió que los niños sólo querían...¡MATARLA! Por eso, la chica siempre se asustaba cuando se le acercaba un chico. No había muchos chicos que querían una cita con ella, porque no querían asustarse ni escuchar "¡No me toques!". Hoy día Mariana Soltera tiene 89 años y todavía vive sola.

Version 2

Tengo una amiga que se llama Mariana. Mariana es una mujer muy amable, pero cuando era joven, no era así. Mariana era una chica antipática. Era antipática con todos, pero especialmente con los chicos, porque cuando era joven, los chicos la maltrataban. Aunque ahora es muy bonita, cuando era joven no era muy atractiva, era un poco gordita. Por eso, cuando era joven, su hermano se burlaba de ella y sus amigos también. Mariana no era una chica feliz porque los chicos la maltrataban todo el tiempo. Pero lo más horrible de todo, fue que cuando era joven, su niñera le dijo que los muchachos eran peligrosos. Siempre le decía: "Los niños sólo quieren una cosa". Mariana se asustó porque pensaba que los muchachos querían molestarla. Pensaba que tal vez los muchachos querían ¡Matarla!

Mariana vivía sola y nunca hablaba con hombres porque recordaba lo que le había pasado cuando era joven. Sin embargo, un día, Mariana decidió cambiar su vida. No quería ser antipática, y ya no quería evitar a todos los hombres. Fue al trabajo y habló con su jefe, que era mujer: "Quiero tener un trabajo diferente. Quiero tener contacto con el público". Su jefe respondió, "Pero te asustas cuando tienes contacto con el público". "Ya sé, pero si quiero una vida normal, tengo que practicar enfrentarme al público". Su jefe estaba de acuerdo, y le dio el trabajo de recepcionista.

Aunque se asustaba mucho cuando trabajaba con el público, Mariana tenía éxito con su posición nueva. Su jefe le dio más responsabilidad. Ahora Mariana se asustaba menos y hablaba bastante con mujeres y hombres. Los hombres no se burlaban de ella, sino que la trataban muy bien. Mariana estaba muy feliz.

Un día, un hombre guapo le pidió una cita. Se llamaba Mario. Al principio, Mariana se asustó, pero decidió aceptar la invitación porque Mario era muy guapo, romántico y simpático. En la cita, Mariana se divirtió mucho, pero se asustó un poco. Cuando Mario trató de ayudarle con el abrigo, Mariana se asustó y le dijo "¡No me toques!". Cuando Mario trató de tomarle la mano, Mariana se asustó y le dijo: "No me toques". Cuando Mario la agarró suavemente, Mariana se asustó y le dijo: "No me toques".

Al fin de la cita, Mario le dijo: "Mariana, ¿Qué te pasa? "Quería ayudarte con al abrigo y me respondiste: "No me toques". Quería tomarte la mano y me respondiste: "No me toques". Quería bailar contigo, y me respondiste: "No me toques". Mariana le explicó que cuando era joven, su niñera le dijo que los chicos querían solamente una cosa, y ella estaba segura de que la cosa que querían era ¡matarla! Mario se rió y le respondió: "Los hombres no quieren matarte, ¡quieren bailar! Mariana bailó con Mario y juntos bailaron muy bien. Mario y Mariana se enamoraron y se casaron. Hoy día, Mariana se llama Mariana Soltera de Lopez.

Mini-lectura #2 para Mini-cuento D

le pide/le pidió un deseo   lo encuentra/lo encontró   lo golpea/lo golpeó

Version 1

Había un mago malo que quería golpear a un mago bueno. Malo, el mago malo, quería golpear a Bueno, el mago bueno, pero tenía un problema: Había una regla que prohibía que los magos golpearan a otro mago. Por eso, Malo quería encontrar a un estudiante que pudiera golpear a Bueno. Malo buscó en la guía telefónica, pero no encontró a nadie que quisiera golpear a Bueno. Luego, buscó a alguien en el gimnasio, pero no encontró a nadie. Por fin, puso un anuncio en el Internet: "Se necesita a una persona valiente para golpear a un mago. La persona que golpee al mago puede pedir un deseo". Un chico que se llamaba Travieso respondió al anuncio y fue a la casa de Bueno para golpearlo. Lo golpeó y volvió al mago malo para pedir el deseo. Le pidió un millón de dólares, pero Malo no se lo dio, diciéndole: "El anuncio decía: «Puede PEDIR un deseo», no decía: «Va a RECIBIR un deseo». ¡Qué mago malo! ¡Qué mago engañador!

Version 2

Había un mago malo que quería golpear a un mago bueno. Malo, el mago malo, quería golpear a Bueno, el mago bueno porque Bueno era más popular que él. La gente le pidió muchos deseos a Bueno y él se los dio. A Malo no le gustó cuando la gente le pidió deseos, así que Malo le pegó a la gente que le pedía deseos. Si alguien necesitaba un deseo, evitaba a Malo y buscaba a Bueno hasta que lo encontraba. Malo quería golpear a Bueno, pero tenía un problema: había una ley que prohibía que los magos golpearan a otro mago. Los magos podían golpear a chicos y adultos, pero no podían golpear a otros magos. Por eso, Malo quería encontrar a un chico o a un adulto que pudiera golpear a Bueno, el mago popular.

Malo pensaba: "¿Dónde voy a encontrar a alguien para golpear a Bueno? Quiero encontrar a alguien fuerte que pueda golpearlo violentamente". Obviamente, Malo fue a Las Vegas para encontrar un boxeador profesional que pudiera golpear a Bueno. Llegó al aeropuerto y le preguntó a un taxista: "¿Dónde puedo encontrar un boxeador profesional?". El taxista le dijo: "En Caesars" y lo llevó a Caesars inmediatamente. Malo encontró a un boxeador grande que se llamaba Golpe. El mago le dijo: "Quiero pedirle un favor: ¿Golpearías a un mago horrible que se llama Bueno?". Golpe le dijo que sí y fue a buscar a Bueno. Lo encontró en su castillo, pero cuando iba a golpearlo, Bueno le dijo: "¿Quieres un deseo? Te daré lo que me pidas". Golpe estaba muy impresionado y ya no quería golpearlo. Le pidió un deseo excelente: "Quiero ser el boxeador más famoso del mundo". El mago le cumplió su deseo y Golpe se hizo el boxeador más famoso del mundo.

Malo estaba enojado y pensaba: "¿Dónde voy a encontrar a alguien para golpear a Bueno? Quiero encontrar a alguien que sea famoso. ¿Dónde voy a encontrar a alguien famoso?". Obviamente, Malo fue a Hollywood para encontrar a alguien que pudiera golpear a Bueno. Fue directamente a Universal Studios y encontró a Bruce Willis. Malo le dijo a Bruce: "Quiero pedirle un favor: ¿Golpearías a un mago horrible que se llama Bueno?". Bruce le dijo que sí y fue a buscar a Bueno. Lo encontró en su castillo, pero cuando iba a golpearlo, Bueno le dijo: "¿Quieres un deseo? Te daré lo que me pidas". Bruce estaba muy impresionado y ya no quería golpearlo. Le pidió un deseo excelente: "No quiero ser calvo. Quiero tener el pelo más bonito de

Hollywood". El mago le cumplió su deseo y Bruce se hizo aun más famoso porque tenía una hermosa cabellera.

Malo estaba furioso y pensaba: "¿Dónde voy a encontrar a alguien fuerte para golpear a Bueno? Quiero encontrar a alguien fuerte que sea famoso y que tenga pelo bonito. ¿Dónde voy a encontrar a alguien así?". Obviamente, Malo fue a Nueva York donde encontró a Donald Trump. Donald no era fuerte, no era popular y no tenía pelo bonito, era muy antipático y rico. Malo pensaba: "Donald es muy rico, es muy poderoso y es muy antipático. ¡Es perfecto!". Malo le pidió el favor a Donald y él le dijo que sí. Rápidamente, fue a buscar a Bueno. Lo encontró en su castillo, pero cuando iba a golpearlo, Bueno le dijo: "¿Quieres un deseo? Te daré lo que me pidas". Donald estaba muy impresionado y ya no quería golpearlo. Le pidió un deseo excelente: "No quiero ser feo. Quiero ser guapo". Desafortunadamente, Bueno le respondió: "Le ofrecí un 'deseo' no un MILAGRO". Bueno no le concedió el deseo y Donald lo golpeó.

Capítulo cinco:
Lidia y la hermanastra molesta

Mini-lectura #1 para Mini-cuento A

fue de compras   *no lo dejó entrar*   *llevaba puesto un abrigo*

Version 1

Miguel, un chico de Arizona, fue de compras a Macy's. Normalmente hace compras en pijamas, pero ese día llevaba puesto un abrigo con bolsillos grandes. En los bolsillos llevaba cosas curiosas: una Barbie, una rana y un ratón. El dependiente lo miró con curiosidad y no lo dejó entrar. Le dijo: "No puedo dejarte entrar porque tu abrigo tiene bolsillos grandes. No dejamos entrar a personas con abrigos así". Miguel quería entrar porque quería comprarse ropa muy elegante. Iba a ir a un restaurante donde no dejan entrar a la gente sin ropa elegante, así que fue de compras a otra tienda.

La dependiente en esta tienda era muy guapa. Parecía muy simpática, pero tampoco lo dejó entrar. Le dijo: "No puedo dejarte entrar porque tu abrigo tiene bolsillos grandes. No dejamos entrar a personas con abrigos así". Miguel, que no llevaba puestos pantalones debajo de su abrigo, se quitó el abrigo. La dependiente se asustó y le dijo: "Tampoco dejamos entrar a personas que no llevan puestos pantalones". Miguel se puso el abrigo y volvió a casa. Nunca más llevó puesto ese abrigo.

Version 2

Miguel, un chico de Arizona, fue de compras a Dillards. Normalmente, él iba de compras a Macy's, pero ese día fue de compras a Dillards porque tuvo una experiencia mala en Macy's: ¡el dependiente no lo dejó entrar porque llevaba puesto un abrigo amarillo con bolsillos grandes! A Miguel le gustó el abrigo porque a él le gustaba el color y porque el abrigo tenía bolsillos grandes. Miguel siempre llevaba sus cosas favoritas en los bolsillos y por eso, llevaba puesto el abrigo casi todos los días. Pero al dependiente de Macy's no le gustó el abrigo y por eso, no dejó a Miguel entrar en la tienda. Miguel decidió ir a hacer compras en Dillards, pero estaba un poco nervioso porque llevaba puesto su abrigo amarillo.

Miguel quería ir de compras a Dillard's porque quería comprar unos zapatos 'Crocs'. Su amigo, Juanes, siempre llevaba puestos 'Crocs' y a Miguel le gustaban mucho. Miguel quería llevar puestos 'Crocs' también. Quería 'Crocs' amarillos para combinar con su abrigo amarillo.

Cuando Miguel llegó a Dillards, el dependiente, que llevaba puestos 'Crocs' azules, lo miró atentamente. Miguel pensó: "Espero que me deje entrar con mi abrigo amarillo". El dependiente lo dejó entrar y Miguel fue al departamento de zapatos.

En el departamento de zapatos, Miguel vio a una chica. Ella llevaba puestos zapatos 'Crocs' amarillos y un abrigo amarillo con bolsillos grandes. Miguel admiró los Crocs amarillos que la chica llevaba puestos y le dijo: "Tus 'Crocs' combinan bien con tu abrigo amarillo". La chica le respondió: "Gracias". Miguel buscó unos 'Crocs' iguales y pronto, los encontró y se los puso. Entonces, buscó a la chica, pero la chica no le prestó atención. Ella actuaba de forma muy sospechosa. De repente, la chica miró atrás, a la derecha y a la izquierda y, rápidamente, agarró tres pares de Crocs y los puso en los bolsillos de su abrigo. Miguel pensó: "¡Una ladrona! ¿Qué puedo hacer?". Sin pensar más, Miguel se acercó a la chica con el abrigo amarillo, pero la chica salió corriendo. De repente, Miguel escuchó un anuncio: "¡Atención, atención! Estén alertas. Hay una persona que lleva puesto un abrigo amarillo con bolsillos grandes y zapatos 'Crocs' amarillos.

De repente, los guardias de la tienda agarraron a Miguel y lo golpearon. Los guardias investigaron a Miguel, mirando en todos los bolsillos de su abrigo amarillo. No encontraron nada, así que lo dejaron salir. Miguel todavía llevaba puestos los 'Crocs' amarillos y cuando salió de la tienda, la policía lo esperaba afuera. Lo arrestaron y lo llevaron a la cárcel. En la cárcel, Miguel no podía llevar puesto su abrigo ni los 'Crocs' robados. Todos los días llevaba puesto el uniforme de la cárcel. Hoy día, Miguel no va de compras porque ninguna tienda lo deja entrar. Tampoco lleva puesto su abrigo amarillo. ¡Pobre Miguel!

Mini-lectura #2 para Mini-cuento A

demasiado gordo/a   *barata*   *se probó*

Version 1

Había una chica que tenía tobillos muy gordos. Eran demasiado gordos para su altura. Si ella fuera un gorila, los tobillos no serían demasiado gordos, pero para una chica, sí eran demasiado gordos. Tener tobillos gordos era un problema para la chica porque no había ropa para chicas con tobillos gordos. La chica se probó la ropa de Dillards y se probó la ropa de Nieman Marcus, pero no encontró ropa apropiada para tobillos gordos. A la chica no le importaba si la ropa era barata o no. Sólo quería ropa apropiada.

Un día, la chica fue de compras. Quería probarse ropa para chicas con tobillos gordos. La pobre chica no se probó nada porque toda la ropa era para chicas con tobillos normales. Ella estaba muy triste y empezó a llorar. Pronto, una mujer que tenía codos muy gordos, entró en la tienda y vio a la chica. Se acercó a ella y le dijo: "Tú tienes tobillos demasiado gordos para hacer compras en esta tienda. Debes ir de compras a 'Gangas para Gordas'. La ropa no es barata, pero es perfecta para chicas con tobillos demasiado gordos". La chica fue rápidamente a la tienda y se probó dieciocho pantalones. También se probó veintidós zapatos. La ropa no era barata, pero era perfecta para chicas con tobillos demasiado gordos. La chica pagó $3.033.999 por dos pantalones y tres pares de zapatos y se puso muy contenta.

Version 2

Había una chica que quería ser modelo de manos. A ella le encantaban las manos y por eso quería ser modelo de manos. El problema era que ella tenía dedos muy gordos. Eran demasiado gordos para una modelo de mano. Un día la chica fue a una joyería y ofreció sus manos para modelar **anillos**[1] de diamantes. Le dijo a la dueña: "Quiero ser modelo de manos y puedo ofrecer mis servicios a un precio muy barato". Entonces, la chica se probó un anillo, pero no pudo ponérselo. La dueña le miró las manos y le respondió: "Aunque tus servicios son muy baratos, tus dedos son demasiado gordos para modelar nuestros anillos".

La chica salió de la joyería y decidió ir a la fábrica de 'Isotoner'. Le dijo al dueño: "Quiero ser modelo de **guantes**[2] y puedo ofrecer mis servicios a un precio muy barato". Entonces, la chica se probó un guante, pero no pudo ponérselo. El dueño le miró las manos y le respondió: "Aunque tus servicios son muy baratos, tus dedos son demasiado gordos para modelar nuestros guantes".

La chica salió de la fábrica de guantes y decidió ir a la compañía 'Sally Hansens'. Le dijo al dueño: "Quiero ser modelo de **uñas**[3] y puedo ofrecer mis servicios a un precio muy barato". Entonces, la chica se probó unas uñas falsas, pero eran demasiado pequeñas para sus dedos gordos. El dueño le miró las manos y le respondió: "Aunque tus servicios son muy baratos, tus dedos son demasiado gordos para modelar nuestras uñas".

La chica estaba muy triste y decidió hacer ejercicios de mano. Durante dos meses hizo los ejercicios, y al final, sus dedos no le parecían tan gordos (Para ella, no parecían tan gordos). Decidió contratar a un agente de modelos y le dijo al agente: "Quiero ser modelo de manos. Mis servicios son muy baratos y puedo modelar en cualquier momento". El agente le miró las manos y le dijo: "Por favor, pruébate estos guantes". La chica se los probó, pero no pudo ponérselos. Entonces le dijo: "Por favor, pruébate este anillo". La chica se lo probó, pero no pudo ponérselo. Luego, le dijo: "Por favor, pruébate estas uñas". La chica se las probó, pero las uñas eran demasiado pequeñas para sus dedos gordos. El agente le dijo: "Aunque tus servicios son muy baratos, tus dedos son demasiado gordos para ser modelo de manos". La chica estaba triste y abandonó su sueño de ser modelo de manos. Decidió hacerse agente de modelos y ofreció sus servicios a un precio barato.

[1]**rings**   [2]**gloves**   [3]**nails**

Mini-lectura #1 para Mini-cuento B

tenía que trabajar   *estaba preocupado*   *bastante famosa*

Version 1

Había una vez una chica muy guapa que vivía en Juneau, Alaska. Ella trabajaba en un restaurante pero como era tan bella, ella soñaba con ser una estrelladle cine bastante famosa. Un día tenía que trabajar en el restaurante pero se dio cuenta de que no era un trabajo para ella porque realmente quería ser una actriz bastante famosa. Así que no fue al restaurante. El dueño del restaurante estaba preocupado porque ella no fue a trabajar. Ella tenía que entrar a trabajar a las 4:30p.m. y a las 5:45p.m., todavía no había llegado. El dueño del restaurante llamó a la casa de María.

La mamá de María estaba preocupada porque ella no estaba en el restaurante. ¿Dónde estaba María? Su familia estaba muy preocupada y el dueño del restaurante también. El caso de la mesera perdida se hizo bastante famoso y todos los detectives lo investigaron. Un año después, un detective resolvió el caso: encontró a la mesera en Hollywood. Era una mesera bastante famosa.

Version 2

Había una vez una chica muy guapa que vivía en Juneau, Alaska. Ella trabajaba en un restaurante pero como era muy bella, ella quería ser una estrella de cine bastante famosa. María era mesera y tenía que trabajar con muchos clientes antipáticos. Parecía que todos vivían en una calle llamada Felipe Antipático. Ella tenía que trabajar muchas horas- Tenía que trabajar todos los días de la semana. ¡Era un horario horrible! Además, tenía que trabajar con lluvia y con nieve, y tenía que llevar puesto un bikini.

Un día, María tenía que trabajar desde las siete de la mañana hasta las diez de la noche, pero ella no fue al restaurante. Le dijo a su madre que no tenía que trabajar ese día y se fue de compras. Quería comprar ropa elegante para ser una estrella de cine bastante famosa. María se divertía mucho, pero estaba un poco preocupada porque no le había dicho al dueño que no iba a trabajar.

Eran las nueve de la mañana y el dueño estaba preocupado porque María no fue a trabajar. También estaba preocupado porque tenía que trabajar él en vez de trabajar ella. Estaba preocupado porque no quería llevar puesto un bikini y porque tenía que trabajar con todos los clientes antipáticos que vivían en la calle Felipe Antipático. El dueño del restaurante fue a su oficina y llamó a la casa de María. Él tuvo que dejar un mensaje porque la madre de María tenía que trabajar y por eso, no estaba en casa.

Mientras María estaba de compras y el dueño del restaurante estaba trabajando, un director bastante famoso de Hollywood entró al restaurante. Se sentó a una mesa y preguntó al dueño: "Busco a meseras bonitas que quieran ser estrellas de cine." El dueño le respondió: "Hay una mesera, María, que es bellísima, pero no vino a trabajar hoy. No sé donde está y estoy un poco preocupado por eso". El director le dijo: "No quiero meseras que no son responsables. Mis meseras tienen que ir a trabajar a la hora indicada. No importa qué tan bella sean". Entonces, el director famoso se levantó y salió del restaurante.

Luego de algunos minutos, María llegó al restaurante, y se preocupó mucho porque no había encontrado ropa elegante, ni había llegado a tiempo a su trabajo. Le pidió al dueño que la disculpara. El dueño la perdonó, pero no le dijo que había pasado mientras ella estaba de compras. Ella todavía trabaja en ese mismo restaurante.

Mini-lectura #2 para Mini-cuento B

combinaba con   le quedó bien   le pidió ayuda   enojado

Version 1

Había una chica que se llamaba Betty. Betty no sabía nada de moda y siempre llevaba puesta ropa que no combinaba bien. El problema era que Betty no se daba cuenta de que su ropa no combinaba, y que no le quedaba bien. Nunca les pidió consejos de moda a sus amigas ni a las dependientes de las tiendas. ¡Betty parecía un payaso! Aunque Betty nunca le pidió ayuda a nadie, sus amigas les pedían ayuda a todos: "Por favor, regálale a Betty ropa que combine bien". Pero cuando sus amigas le regalaban ropa que combinaba bien, Betty les respondía: "Gracias, pero la ropa no me queda bien. Además no combina bien". Las amigas dejaron de ayudarla y Betty todavía se viste como un payaso.

Version 2

Había una chica que se llamaba Betty. Betty no sabía nada de moda y siempre llevaba puesta ropa que no combinaba bien. El problema era que Betty no se daba cuenta de que su ropa no combinaba, y que no le quedaba bien. Nunca les pidió consejos de moda a sus amigas ni a las dependientes de las tiendas. ¡Betty parecía un payaso! Aunque Betty nunca le pidió ayuda a nadie, sus amigas les pedían ayuda a todos: "Por favor, regálale a Betty ropa que combine bien".

Un día, su amiga Teresa, fue de compras a "Ropa del Minuto", una tienda muy elegante. Le pidió ayuda a la dependiente: "Por favor, busco una falda y una blusa que combinen bien". La dependiente le enseñó una falda y una blusa que combinaban perfectamente. ¡Eran muy bonitas! Teresa se las regaló a Betty y cuando las vio, ella respondió: "Gracias, pero la falda no me queda bien ni la blusa tampoco. Además no combinan". Teresa se ofendió y fue a la tienda para devolver la ropa. Le pidió ayuda a la dependiente, pero la dependiente le respondió: "¿Por qué no guardas la ropa tú misma? La combinación es tan bonita". Teresa se probó la falda y la blusa y le quedaron perfectamente. Así que no las devolvió, sino que se las llevó a su casa.

Al día siguiente, otra amiga que se llamaba Carlota, fue de compras a "Ropa del Segundo". Era una tienda muy elegante donde hacían compras todas las estrellas de Hollywood. Carlota entró en la tienda y ¡se asustó! ¡La ropa era muy, muy cara! Le pidió ayuda a la dependiente: "Por favor, busco 'jeans' y una blusa que combinen bien". La dependiente le enseñó jeans y una blusa hermosa. Carlota exclamó: "¡Perfecto!". Pagó \$476 por la ropa y fue a la casa de Betty. Le dio los jeans y la blusa a Betty y cuando los vio, ella respondió: "Gracias, pero los jeans no me quedan bien ni la blusa tampoco. Además no combinan". Carlota se ofendió y fue a la tienda para devolver la ropa. Le pidió ayuda a la dependiente, pero la dependiente le respondió: "¿Por qué no guardas la ropa tú misma? La combinación es tan bonita". Carlota se probó los jeans y la blusa y le quedaron perfectamente. Así que no los devolvió, sino que se los llevó a su casa.

Al día siguiente, Teresa llevaba puestas la falda y la blusa y Carlota llevaba puestos los jeans y la blusa. Se miraron y admiraron mutuamente la ropa nueva que llevaban puesta. Estaban muy contentas. Cuando llegaron a la escuela, vieron a Betty que llevaba puesta ropa como la de un payaso. Betty se acercó a Teresa y comentó: "La pobre Carlota se viste como un payaso. Mira la ropa- no combina y no le queda bien tampoco". Luego, se acercó a Carlota y comentó: "La pobre

Teresa se viste como un payaso. Mira la ropa- no combina bien y no le queda bien tampoco". Desde ese día, Teresa y Carlota dejaron de ayudar a Betty. Hoy día, Betty todavía lleva puesta ropa que no le queda bien y que no combina, pero tiene su propio programa en la tele: "Betty la Fea".

Mini-lectura #1 para Mini-cuento C

tanto dinero como   *cara*   *estaba en oferta*

Version 1

Hay un chico que se llama Richie que tiene tanto dinero como Bill Gates. Sin embargo, sólo le gusta comprar cosas baratas. No le gusta gastar el dinero en cosas caras. Sólo compra cosas que están en oferta. Richie tiene un problema: su novia quiere un modelo de Mercedes Benz pero no puede encontrar uno que esté en oferta. Hay uno muy caro en la Casa de Mercedes, pero no está en oferta. Aunque Richie tiene tanto dinero como cualquier millonario y puede comprar 100 Mercedes, se niega pagar el precio normal porque es demasiado caro. Su novia no lo puede creer y dice que va a poner una cartelera al frente de su casa que diga: ¡Richie es muy agarrado!

Version 2

Había un chico que se llamaba Richie que tenía tanto dinero como Bill Gates. Tenía tanto dinero como Shaquille O'Neal y aun tenía tanto dinero como Oprah Winfrey. Tenía tanto dinero como cualquier millonario. Sin embargo, sólo le gustaba comprar cosas baratas. No le gustaba gastar el dinero en cosas caras. Sólo compraba cosas que estaban en oferta.

Richie tenía una novia que quería muchas cosas elegantes y caras. Entre otras cosas, quería un modelo especial de Mercedes Benz. Richie buscó el modelo pero no lo encontró en oferta. Encontró el modelo en la Casa de Mercedes, pero no estaba en oferta. Aunque Richie tenía tanto dinero como cualquier millonario y podía comprar 100 Mercedes, se negó a pagar el precio normal porque era muy caro. Su novia estaba enojada y le volvió a pedir el modelo especial de Mercedes Benz. Pero Richie le respondió: "¿Por qué no buscas otro modelo que no sea tan caro? Busca un modelo que esté en oferta".

Su novia no lo pudo creer y dijo que le iba a contar a todo el mundo su gran secreto: que él llevaba puestos interiores de Superman. Asustado, Richie decidió que podía comprar lo que quería porque tenía tanto dinero como las personas más ricas del mundo. Le pidió disculpas a su novia y le dijo: "Tienes razón. Yo tengo tanto dinero como Bill Gates, así que debo comprarte el Mercedes que quieres aunque no está en oferta".

Antes de ir a la Casa de Mercedes, Richie fue de compras a otra casa de autos donde había otro Mercedes que estaba en oferta.   Richie le pidió ayuda a la dependiente que era muy bella: "Busco un modelo especial de Mercedes que esté en oferta".   La dependiente tenía tanto dinero como Richie porque era la dueña de la casa de autos. Ella le dijo: "Si tienes tanto dinero como yo, pues cásate conmigo y podrás tener todos los Mercedes que quieras". Richie se casó con la chica que tenía tanto dinero como él y su ex-novia le dijo a todo el mundo que él llevaba interiores de Superman.

Mini-lectura #2 para Mini-cuento C

la misma   no podía comprar   se dio cuenta

Version 1

Un chico que se llama Javier quería ser fotógrafo famoso. En el año 2005, la revista People hizo una competencia que consistía en sacarle una foto a la chica más bonita del mundo. El chico entró en la competencia y buscó a una chica especial para fotografiar. Buscó por toda Guadalajara y no encontró ni una chica especial. Por eso, se fue a buscarla en las ciudades más grandes del mundo. Fue al aeropuerto para comprar un boleto, pero no podía comprarlo porque no tenía dinero. En el aeropuerto, se dio cuenta de que los boletos de avión eran muy caros, así que decidió caminar a las ciudades. Primero fue a México DF, pero se dio cuenta de que todas las chicas eran iguales.

Tenían el mismo estilo de peinado y llevaban la misma ropa, así que decidió ir a Los Ángeles. Cuando llegó a Los Ángeles, se dio cuenta de que todas las chicas eran iguales. Tenían el mismo estilo de pelo y llevaban los mismos jeans. Quería ir a Nueva York, pero estaba muy cansado de caminar tanto. No podía comprar un boleto de avión, así que fue a la estación de autobús y compró un boleto de autobús. Cuando llegó a Nueva York, se dio cuenta de que todas las chicas eran iguales. Tenían el mismo estilo de pelo y llevaban los mismos jeans. Por fin, el fotógrafo regresó a Guadalajara. En la casa, se dio cuenta de que su hermana era muy bonita, así que se sacó unas fotos de su hermana y las mandó a People. Él ganó la competencia y ahora es un fotógrafo bastante famoso.

Version 2

Un chico que se llamaba Javier siempre hacía las mismas cosas. Se iba a pie a todos lados; cada día se ponía los mismos pantalones, la misma remera, los mismos zapatos. Siempre veía el mismo programa en la tele. Siempre estudiaba los mismos temas. Y siempre estaba aburrido. Un día, se dio cuenta de que durante los últimos cinco años había hecho la misma cosa cada día y quiso hacer algo distinto. Javier decidió participar en una competencia de fotografías raras, pero se dio cuenta de que no tenía una cámara. Para fotografiar la cosa más rara del mundo, él iba a necesitar una cámara. Fue a una tienda de cámaras para comprar una cámara muy especial, pero no pudo comprarla. La cámara costaba $25.000 y Javier sólo tenía $37. Con los $37, Javier compró una cámara barata y empezó su búsqueda de la cosa más rara del mundo.

Javier buscó algo raro en su propia ciudad, pero no encontró nada raro. Todo era igual, así que decidió ir a Nueva York.   Javier no tenía mucho dinero y por eso, no podía comprar un boleto para volar, ni para ir en crucero. Sólo tenía suficiente dinero para comprar un boleto para ir en tren, pero se dio cuenta de que si iba en tren, no podría ver todas las cosas raras. Se dio cuenta de que sería mejor ir a pie.

Javier se fue a pie a todas partes de Nueva York, pero todo era lo mismo- la gente vestida con la misma ropa, los edificios con la misma arquitectura, los billetes con los mismos presidentes. Siguió la búsqueda en Newark, Nueva Jersey. Se fue a pie a todas partes de Newark, pero allí también todo era lo mismo– la gente vestida con la misma ropa, los edificios con la misma arquitectura y los billetes con los mismos presidentes. Fue a todas las ciudades más grandes de los EEUU, pero no encontró nada raro y por eso fue a otro continente. Quería viajar en avión, pero no podía comprar un boleto porque eran muy caros, así que viajaba en su bote. Remó por los océanos durante tres meses y medio y visitó cada continente del mundo. Increíblemente, no encontró nada raro.

Bien cansado, Javier regresó a los EEUU. Cuando llegó, se dio cuenta de que, paradójicamente, la cosa más rara del mundo era algo muy común: la chica 'teenager' de los EEUU. ¡Todas eran iguales! La teenager estadounidense se ponía la misma marca de camiseta, los mismos jeans, y los mismos zapatos.   Javier visitó todas las ciudades grandes: Nueva York, Houston, Los Ángeles, San Francisco, etc. Sacó fotos de una chica de cada ciudad. Cada chica era igual a otra chica: Todas llevaban la misma ropa-- los mismos jeans, las mismas camisetas cortitas, los mismos zapatos. Todas llevaban las mismas marcas. ¡Todas eran idénticas! Entonces, mandó su colección de fotos a la competencia y ganó. Hoy día, Javier es un fotógrafo muy famoso y ha sacado fotos de las modelos más famosas de mundo.

Mini-lectura #1 para Mini-cuento D

se portaba muy mal   *no quería pelear*   *molestaba*

Version 1

Conocí a un chico que se llamaba Pompi que siempre se portaba mal en la escuela. Siempre molestaba a todos, aun a la maestra. Era muy fuerte y por eso nadie quería pelear con él. Cada vez que Pompi les robaba algo, todo el mundo le decía: "No quiero pelear contigo. Déjame en paz".

Un día, Pompi, que siempre se portaba mal en todas las clases, le robó los bizcochos a su mejor amigo, Paciente. Pompi le molestaba mucho- Le tiró del pelo. Le pegó en la nariz. Puso un insecto venenoso en su mochila y ¡le robó su novia! Pompi molestó a todos durante muchos años y sigue molestándoles hoy en día. Se puede leer sobre él en el Libro Guinness. Es el hombre más molesto del mundo.

Version 2

Había un chico que se llamaba Pompi que era muy molesto. Molestaba a todos los estudiantes y no tenía ni un amigo por eso. Pompi era muy fuerte, así que nadie quería pelear con él. Cuando él molestaba a un chico, el chico le decía: : "No me molestes, por favor" o "No quiero pelear contigo". La escuela llamaba a sus padres 3 veces a la semana: "Pompi se portó muy mal hoy. Molestó a los otros estudiantes". Sus padres estaban preocupados, pero no sabían qué hacer con él.

Un día, Pompi se portó muy mal en la clase de matemáticas. Molestó a una chica tímida en la clase. Le tiró del pelo y la chica empezó a llorar. Le dijo a Pompi: "¿Por qué me molestas? ¿Por qué no peleas con un chico de tu tamaño?". Pompi se rió y le tiró del pelo una vez más. Le dijo a la chica: "¿Por qué lloras como una bebé?".

Al día siguiente, Pompi se portó muy mal en la clase de biología. Molestó a la misma chica tímida. Le pegó la cabeza y otra vez, la chica empezó a llorar. Ella le dijo a Pompi: "¿Por qué me molestas? ¿Por qué no peleas con un chico de tu tamaño?". Pompi se rió y le pegó en la nariz una vez más. Le dijo a la chica: "Lloras como una bebé".

Al día siguiente, Pompi se portó muy mal en la clase de español. Molestó a la misma chica tímida. Esta vez, le robó su mochila y otra vez, la chica empezó a llorar. Ella le dijo a Pompi: "¿Por qué me molestas? ¿Por qué no peleas con un chico de tu tamaño?". Pompi se rió y le tiró la mochila por la ventana. Le dijo a la chica: "Lloras como una bebé".

En ese momento, ¡la chica se enfureció! Agarró a Pompi y le pegó en la nariz. Le tiró del pelo y lo pateó. ¡Ahora ella quería pelear, pero Pompi no! Le dijo a la chica: "No quiero pelear. ¿Por qué me molestas?". La chica siguió peleando con Pompi hasta que él empezó a llorar. La chica se dio cuenta de que Pompi no quería pelear con un chico de su tamaño porque no era fuerte y no podía pelear bien.

Al día siguiente, Pompi no molestó a la chica ni a ningún otro estudiante. Se portó muy bien en la escuela, pero tenía un problema nuevo: Todo el mundo quería pelear con él y los otros estudiantes se portaban mal y lo molestaban todos los días. ¡Pobre Pompi!

Mini-lectura #2 para Mini-cuento D

no le hizo caso   _las monedas_   _lo sacudió_

Version 1

Había un hombre muy pobre que siempre le pedía monedas a la gente. Siempre llevaba una copa y la sacudía para atraer la atención de la gente, pero la gente no le hacía caso. Un día, el hombre les dijo: "Por favor, dame una moneda. En realidad soy un príncipe y cuando yo recupere mi reino, te recompensaré con diez monedas de oro". La gente no le hizo caso y el hombre sacudió la copa sin resultado. El hombre vivió así, pidiendo monedas y sacudiendo su copa, durante cinco años.

Un día vino una princesa a visitar al hombre. Ahora la gente sí le hizo caso porque la princesa abrazó al hombre y los dos salieron juntos. A la semana siguiente, había una noticia en el periódico: "Princesa encuentra a su Príncipe Perdido".

Version 2

Había un rey joven. Era muy guapo, pero muy malo. Era un rey deshonesto y a la gente no le gustaba para nada. Cuando la gente le pedía ayuda, no les hacía caso. No les hizo caso en ningún momento. Era el rey más antipático del mundo. Un día, mientras el rey contaba sus monedas, tuvo un accidente. Sacudía su jarra donde guardaba sus monedas y la sacudió con tanta fuerza que se golpeó en la cabeza. Las monedas se cayeron al suelo y el rey también. ¡Estaba inconsciente! Cuando se despertó, no recordaba nada. Sufría de amnesia.

El rey pensaba: "¿Dónde estoy? ¿Quién soy?". Estaba muy confundido y salió del castillo para buscar su casa y su identidad. El rey caminó durante seis horas y estaba cansado. También tenía hambre, así que le pidió comida a la gente, pero la gente no le hizo caso. Decían: "¡Es increíble que el rey está pidiéndonos ayuda! No vamos a darle ni una moneda". Mientras sacudía su pañuelo para llamar la atención, el rey gritó: "Por favor, tengo hambre. Denme comida", pero la gente tampoco le hizo caso.

El rey necesitaba ayuda y quería atraer la atención, así que agarró una copa de metal y unas **piedras**[1]. Metió las piedras en la copa y la sacudió, pero la gente todavía no le hizo caso. El rey se quitó su **traje real**[2] y lo sacudió, mientras gritaba: "Por favor, denme una moneda o algo de comer. ¡Me muero de hambre!". Aún así, la gente no le hizo caso.

El rey decidió buscar comida y monedas en la calle. Sacudió cada bolsa y cada papel que vio para ver si había algo de comer o una moneda. Así vivió el rey durante siete años, buscando monedas y comida. Un día, sin saber que era el día del aniversario de su accidente, tropezó mientras buscaba monedas. De inmediato, se cayó y se golpeó la cabeza. Quedó inconsciente y cuando se despertó, recordó todo- recordó quién era y donde vivía. El rey volvió a su castillo lo más pronto posible y cuando llegó había una fiesta. Nadie le hizo caso al rey porque nadie lo reconoció. La gente celebraba y gritaba: "Viva la reina, y que muera el rey". El rey se puso triste porque se dio cuenta de que no tenía ni un amigo. Sus ojos se llenaron de lágrimas y él gritó con una voz fuerte: "¡El rey no muere!". Todos le hicieron caso y el rey continuó: "El rey ya no es malo tampoco. Celebremos porque yo estaba muerto y ahora resucité. Estaba perdido y ahora soy una persona nueva. ¡Monedas para todos!". La gente se puso muy feliz y todos vivieron felices el resto de su reinado.

[1]**stones**   [2]**royal robe**

Capítulo seis:
El gran baile

Mini-lectura #1 para Mini-cuento A

los zapatos con tacones altos   creció hasta que fue tan alta como...   conoció

Version 1

Había un chico muy alto que se llamaba Nobajo. Creció hasta que fue tan alto como una jirafa. Nobajo no quería ser tan alto como una jirafa. Prefería ser tan alto como un jugador de básquetbol porque las chicas no preferían a un chico tan alto como una jirafa. Nobajo no conoció a ninguna chica que fuera tan alta como un jugador de básquetbol ni tampoco que fuera tan alta como una jirafa. La única chica que conocía, tan alta como él llevaba zapatos con tacones altos. Nobajo no quería a una chica que llevara zapatos con tacones altos. A él no le gustaban los zapatos con tacones, prefería zapatillas atléticas. Nobajo estaba solo y estaba triste porque quería conocer a una chica buena que fuera tan alta como él.

Un día conoció a una chica buena que se llamaba Altalinda. Era inteligente, bonita, guapa y alta, pero no tan alta como él. Ella quería salir con Nobajo y pensó en un plan: llevar zapatos con tacones altos y pantalones muy largos para cubrirlos. Los dos fueron a cenar y se divirtieron mucho. Al final de la noche, Nobajo se acercó a Altalinda para darle un beso, pero se tropezó y se chocó con Altalinda. Altalinda se cayó de sus zapatos y cuando Nobajo los vio, exclamó: "¡Ay! ¡Zapatos con tacones altos! ¡No me digas!". Nobajo dejó a Altalinda y todavía no ha encontrado a una chica tan alta como él.

Version 2

Altalinda era una chica hermosa y muy simpática que trabajaba como modelo. También era muy alta. ¡Era altísima! Era tan alta que nunca llevaba puestos zapatos con tacones altos. Cuando era joven, quería crecer hasta ser tan alta como Marilyn Monroe para poder llevar zapatos con tacones altos, pero creció demasiado y llegó a ser tan alta como Andre el Gigante. Por eso, nunca llevaba zapatos con tacones altos. Altalinda era una mujer triste porque quería casarse con un hombre que fuera muy alto. Pensaba: "Necesito conocer a muchos hombres altos. Quiero conocer a los hombres más altos del mundo porque quiero casarme con un hombre que sea tan alto como una jirafa".

Altalinda esperaba y buscaba a un hombre que fuera tan alto como una jirafa, pero no lo encontró. Ella esperó dos años y al final, decidió que un hombre que fuera tan alto como Yao Ming sería apropiado. Ella pensaba: "¿Dónde están los hombres más altos del mundo? Necesito conocerlos si quiero casarme con un hombre tan alto como Yao Ming". Esperó durante dos años, pero no conoció a ningún hombre que fuera tan alto como Yao Ming. Por eso, decidió que un hombre tan alto como ella sería apropiado. Así que comenzó a buscar un hombre que fuera tan alto como ella, pero no conoció a ningún hombre así.

Un día, Altalinda conoció a un hombre que se llamaba Noalto. Noalto era guapísimo y muy simpático. A Altalinda le cayó muy bien, pero había un problema: Noalto no era tan alto como ella. Era normal, ni muy alto ni muy bajo. Noalto la invitó a Altalinda a cenar, pero Altalinda se negó a salir con él porque no era tan alto como ella. Ella le dijo: "Me caes muy bien y si fueras tan alto como yo, yo saldría contigo"1. Noalto le respondió: "Voy a crecer hasta ser tan alto como tú. Vas a ver". Noalto pensó: "Quiero crecer tan alto como ella. ¿Qué hago?". Pensó y pensó hasta que se le ocurrió una idea: ir a un especialista en crecimiento.

Al día siguiente, Noalto fue a un doctor que era especialista en crecimiento. El doctor le dio medicina para hacerle crecer. Noalto tomó la medicina durante diez días, pero no creció hasta ser tan alto como Altalinda. Otra vez, Noalto pensó: "Quiero crecer tan alto como ella. ¿Qué hago?". Pensó y pensó y tuvo otra idea: visitar a un mago. Noalto fue a un mago y el mago le hizo un truco. Le dijo: "Come una dieta especial durante los siete siguientes días y vas a crecer hasta ser tan alto como Altalinda". Noalto siguió la dieta exactamente como le había dicho2 el mago, pero no creció hasta ser tan alto como Altalinda. De hecho, no creció para nada.

Noalto estaba desesperado y así llamó a su madre: "Mamá, conocí a la mujer de mis sueños pero tengo que ser tan alto como ella para que acepte salir conmigo y no lo soy". Su madre, que era muy inteligente, le dijo: "Hijo mío, no hay problema. Ponte zapatos con tacones altos y vas a ser tan alto como ella". Noalto se puso zapatos con tacones muy altos y fue a visitar a Altalinda. Altalinda lo vio y exclamó: "¡Creciste hasta ser tan alto como yo!". En ese momento, el tobillo de Noalto se dobló y él se cayó. Altalinda vio sus zapatos y exclamó: "¡No creciste hasta ser tan alto como yo! ¡No creciste para nada!". Los dos estaban muy tristes hasta que Altalinda tuvo una idea: "Vamos a la escalera. Si te paras en el escalón de arriba y yo en el escalón de abajo, vas a ser tan alto como yo". Fueron a la escalera y tuvieron una cita allí. Se conocieron y se enamoraron. Al mes siguiente se casaron en la misma escalera.

Mini-lectura #2 para Mini-cuento A

perdió   *persiguió*   *estaba harta de*

Version 1

Había una vez un chico al que le encantaban los leones. Quería vivir con los leones y por eso, sus amigos siempre le decían: "¿Perdiste la razón? Los leones no persiguen a los humanos para ser amigos de ellos, persiguen a los humanos para comérselos". El chico estaba harto de sus amigos. En particular, estaba harto de sus comentarios, así que decidió ir a África para vivir con los leones. Sus amigos se decían entre ellos: "De veras, él perdió la razón. Los leones lo van a perseguir y lo van a comer". Cuando el chico llegó a África, fue a buscar a los leones. Encontró a un grupo de leones y, como le habían advertido sus amigos, los leones lo persiguieron. Lo persiguieron de día y de noche. El chico pensó: "Estoy harto de los leones. Me persiguen constantemente. Voy a regresar a casa". El chico iba a regresar, pero perdió su mapa y se perdió en el medio de África. Los leones lo persiguieron y al final, se lo comieron. ¡Pobre muchacho!

Version 2

Había un chico que se llamaba Esteban. A Esteban le gustaban las criaturas del desierto. Cuando era joven, tenía varias criaturas: serpientes, escorpiones e iguanas. A él le gustaban las criaturas, pero tenía un problema: siempre las perdía. Una vez, mientras su serpiente perseguía un ratón, el ratón escapó y la serpiente lo persiguió. ¡De pronto Esteban perdió a la serpiente! La buscó durante dos semanas, pero nunca la encontró. Su madre, al contrario, la encontró en el carro y le gritó a Esteban: "Estoy harta de tus animalitos. ¿Por qué no cuidas a un perro como los chicos normales?".

En otra ocasión, Esteban jugaba con su escorpión y el teléfono de la casa sonó. Su madre le gritó: "Esteban, ¡contesta el teléfono!". Esteban, un hijo obediente, dejó a su escorpión y fue a contestar el teléfono. Mientras lo contestaba, ¡el escorpión se escapó! Esteban estaba muy preocupado y le dijo a su madre: "Mamá, mientras contestaba el teléfono, perdí a mi escorpión". Su madre estaba enojada y le dijo como siempre: "¡Pierdes a tus animales más que los cuidas! ¡Estoy harta de tus animalitos!". Al día siguiente, la madre encontró al escorpión en el baño. ¡El escorpión la persiguió y ella salió del baño gritando: "¡Estoy harta de los animalitos y estoy harta de mi hijo loco!".

El chico, al que le gustaban los animalitos, estaba harto de su madre y estaba harto de los animales del desierto. Por eso, decidió buscar otro tipo de animales fuera del desierto. Compró un mapa especial que indicaba dónde vivían los animales más interesantes del mundo. El chico decidió ir a la Antártida para ver a los osos polares, así que fue a una tienda especial para comprar un **disfraz**[1] de oso, porque no quería que los osos lo persiguieran. Durante el viaje, Esteban perdió su disfraz y cuando llegó, los osos polares lo persiguieron. Lo persiguieron durante tres días y al final, Esteban pensó: "Estoy harto de estos osos. Voy a Florida para ver los cocodrilos".

Así que Esteban salió de la Antártida y fue a Florida. Fue a una tienda para comprar comida de cocodrilos para que ellos no lo persiguieran cuando lo vieran. Compró la comida y fue a ver a los cocodrilos. Cuando los cocodrilos lo vieron, lo persiguieron. Esteban gritó: "¡Ay de mí! ¡Perdí mi comida para cocodrilos!". Los cocodrilos lo persiguieron durante cinco días, y al final, Esteban estaba harto de ellos. Por eso, decidió ir a Australia para ver a los animales australianos. Durante el viaje, ¡Esteban perdió su mapa! No sabía adónde iba y por último se perdió en el medio del Atlántico. Unos **tiburones**[2] lo vieron y al instante, lo persiguieron. Lo persiguieron durante diez días. Esteban estaba harto de los tiburones y estaba harto de viajar. Por fin, llegó a una isla donde vivían unos caníbales. Los caníbales lo persiguieron por toda la isla y Esteban pensó: "Estoy harto de que me persigan". De repente, los caníbales agarraron a Esteban y lo llevaron a su campamento donde había un gran **fuego**[3]. En ese momento, Esteban decidió que no estaba harto de ser perseguido y gritó: "Prefiero ser perseguido antes que ser comido".

[1]**disguise**   [2]**sharks**   [3]**fire**

Mini-lectura #1 para Mini-cuento B

le pidió una cita   *la película era espantosa*   *sin embargo*

Version 1

María es una chica muy bonita. Es guapísima pero sin embargo, los chicos no le piden una cita. Ella quiere que le pidan una cita y así lleva puestos zapatos con tacones altos, ropa elegante y perfume muy rico. Sin embargo, los chicos no le piden una cita porque su madre es muy estricta. María es una chica muy obediente y amable y sin embargo, su mamá no le permite salir con un chico a una cita. A María le encantan las películas espantosas. Su madre no le permite que vea las películas espantosas y por eso, nunca ha visto1 una película espantosa, pero sin embargo, ella tiene 4.567 carteles de películas espantosas.

Un día, el hijo de Johnny Depp (Johnny Jr.) le pidió una cita. Él sabía que María no podía ver películas espantosas y sin embargo, la invitó a una película espantosa. María quería ir a la película y quería ir a una cita, así que le pidió permiso a su mamá. Como siempre, su madre le dijo que no. Sin embargo, María fue a la película con Johnny Jr. Cuando entraron al cine, vieron a la madre de María. Sin embargo, los dos se quedaron a ver a película. A María no le gustó la película porque le daba mucho miedo. Sin embargo, Johnny Jr. No quiso irse del cine y María lloró durante la película entera. A Johnny le cayó muy mal María y sin embargo, le pidió un beso. María le respondió con un golpe. Sin embargo, Johnny le pidió otra cita. ¡Qué locura!

Version 2

María era una chica muy bonita y simpática, y les caía bien a todos los chicos. Sin embargo, ella no tenía novio. Muchos chicos querían salir con ella, pero sin embargo, no le pedían una cita. No le pedían una cita porque su madre era muy estricta. Le decía a todos los chicos: "No permito que María salga con un chico como tú". Todos los chicos se ponían nerviosos cuando iban a pedirle a María una cita porque su madre era una persona espantosa. María era una chica muy obediente y amable y sin embargo, su mamá no permitía que saliera con ningún chico.

A María le encantaban las películas espantosas. Sin embargo, ella nunca fue a verlas porque no quería ver una película espantosa sin un chico fuerte para protegerla. Ella fue a ver películas románticas y películas cómicas, pero nunca fue a ver películas espantosas. Nunca había visto1 una película espantosa, pero sin embargo, ella tenía 4.567 carteles de películas espantosas.

Un día, un chico famoso le pidió una cita. La invitó a cenar en un restaurante elegante y a ver una película espantosa. María quería salir con él, y sin embargo, no le pidió a su madre ni le respondió al chico. María pensaba: "Con una madre tan espantosa, nunca voy a poder salir con un chico". El chico famoso esperó cinco días y María nunca le respondió. Estaba enojado y sin embargo, le pidió otra cita. La invitó al cine para ver una película espantosa, pero esta vez, no la invitó a cenar. María prefería cenar, pero sin embargo ella quería ir y decidió pedirle permiso a su madre.

María se acercó a su madre y le pidió: "Mamá, por favor, quiero salir con un chico". Su madre se enojó y su reacción fue muy espantosa. Le gritó: "¡No! ¡No vas a salir con ningún chico!". María le suplicó: "¡Pero Mamá, es un chico bastante famoso!". Sin embargo, su madre le dijo que no porque a ella no le importaba que el chico fuera famoso o religioso. No quería que saliera a una cita. María era muy obediente, pero sin embargo decidió que iba a ver la película espantosa con el chico.

El chico famoso y María se encontraron en el cine. Había un evento muy especial- el estreno1 de la película espantosa. Había reporteros y gente de Hollywood en el cine. Cuando María y el chico entraron en el cine, los reporteros les sacaron algunas fotos y les preguntaron acerca de la película espantosa. De repente, la película empezó y era tan espantosa que María y el chico se olvidaron de los reporteros. Gritaron y se abrazaron durante toda la película. ¡Se divertían mucho! Sin embargo, María no le dio un beso al final de la noche. Al día siguiente, un sonido espantoso despertó a María- era su madre gritando como una loca: "¡Mala hija! ¡Desobediente! ¡Qué decepción!". María pensó: "¡Ay mi madre es más espantosa que la película!". Sin embargo, cuando el chico le pidió otra cita, María la aceptó. ¡Qué espantoso!

Mini-lectura #2 para Mini-cuento B

el refresco chorreó   _no besaba en la primera cita_   _por todas partes_

Version 1

Silvia era una chica muy bella y simpática. Siempre tenía citas con chicos guapos, pero había un problema. Silvia no besaba en la primera cita. Aunque le gustaba besar, sabía que las chicas educadas esperaban hasta la segunda cita para besar. No estaba permitido en la primera cita. Los chicos no estaban contentos con la regla, pero sabían que Silvia sí besaba en la segunda cita, así que siempre estaban seguros de que tenían dos citas con ella—la primera para la regla y la segunda para besarla.

Un día, Silvia tenía una cita con un chico guapísimo llamado Torpe. Torpe siempre tenía problemas con las manos—las cosas siempre se caían cuando él las tenía. Por eso, Torpe trataba de no llevar las cosas. Sin embargo, cuando Silvia quiso un refresco, Torpe se lo llevó. Mientras le llevaba el refresco a la chica, Torpe se cayó. Lo examinó y no vio nada malo, así que siguió su caminol. Le dio el refresco a Silvia, y ella le dijo gracias. De repente, la copa chorreó y había ponche rojo por todas partes. Torpe se sonrojó, pero Silvia se rió. Ella le dio un beso, aunque era su primera cita. De casualidad, desde esta cita, cada chico, con quien salió Silvia, era torpe y su refresco chorreó.

Version 2

Cuando Silvia era niñita, su mamá siempre le decía que las niñas buenas no besaban en la primera cita. Las chicas malas sí besaban en la primera cita, pero las chicas buenas, no. Cuando Silvia le preguntaba por qué, la mamá siempre respondía que si una chica besaba en la primera cita, era seguro que ella era maleducada. Una chica educada no besaba en la primera cita. Como Silvia quería ser muy educada, decidió que no iba a besar a un chico en la primera cita. No era un problema porque sólo tenía 15 años y de todas maneras, no podía salir con chicos.

Cuando Silvia cumplió 16 años, su mamá le permitió salir a citas. Silvia era una chica muy elegante y simpática, y muchos niños querían pedirle una cita. El primer niño que le pidió una cita era un chico romántico que se llamaba, Román. Fueron a una disco. Mientras bailaban en la disco, Román se tropezó y su refresco se chorreó por todas partes. La ropa de Silvia estaba bien manchada y sin embargo, ellos bailaron hasta la medianoche. Cuando Román la dejó en su casa, él le pidió un beso. Silvia le dijo la regla: una chica nunca besa en la primera cita. Román estaba sorprendido, pero sin embargo, le pidió otra cita.

La semana siguiente, Román, el chico romántico, llevó a Silvia a un restaurante elegante. Silvia pidió una Coca Cola, y cuando el mesero le llevó el refresco, se tropezó y la Coca cola chorreó sobre la mesa y sobre Silvia. Otra vez, ella tenía la ropa manchada, y sin embargo, se quedaron en el restaurante durante dos horas. Cuando salieron, no podían encontrar el coche. Buscaron por todas partes y no lo encontraron, así que volvieron a casa a pie. Al llegar a la casa, Román le pidió un beso, pero Silvia le dijo la regla: "No beso en la primera cita". Román le respondió: "Pues, esta cita no es la primera, sino la segunda". Sin embargo, Silvia no le dio un beso, pensando: "No debo besar en la primera cita, ni en la segunda". Sin embargo, Román le pidió otra cita.

La semana siguiente, Román y Silvia fueron al cine para ver una película espantosa. Román salió para comprarle un refresco a Silvia y cuando volvió se tropezó y su refresco se chorreó por todas partes. Esta vez, la ropa de Román estaba bien manchada, así que le pidió a Silvia: "Por favor, quiero irme. Mi ropa está manchada". Volvieron a casa y al salir, Román le pidió un beso a Silvia. Sorpresivamente, Silvia le dio un besito en la mejilla, diciéndole: "No beso en la primera cita, ni en la segunda, pero sí beso en la última". Sin embargo, Román le pidió otra cita, pero Silvia se negó.

Mini-lectura #1 para Mini-cuento C

una entrada gratis   *se miró en el espejo*   *olvidó*

Version 1

El carnaval había llegado al pueblito de Gorman y Marcelino estaba muy emocionado. Nunca había ido a un carnaval, y tenía muchas ganas de ir. Creía que no iba a poder comprar la entrada, pero entonces un extranjero se acercó y le dio una entrada gratis. Ahora, ¡podía ir! Su padre le dijo: "Diviértete y vuelve a casa a las 9".

Marcelino entró en el carnaval y le dio su entrada a un muchacho joven que trabajaba en el carnaval. Luego, miró por todas partes y vio muchas exhibiciones. Al instante se olvidó de la hora que tenía que volver a casa. Vio exhibiciones de animales, de plantas extrañas y de personas grotescas. Se divertía mucho. Entró en una casita de espejos y vio muchos espejos diferentes: Un espejo en que todo parecía muy grande, otro espejo en que todo parecía muy chico. Un espejo en que todo parecía muy largo y otro espejo en que todo parecía muy bajo. Había un espejo en que todo parecía muy guapo. Marcelino se miró en el espejo y estuvo muy emocionado. Parecía Brad Pitt. Se miró en el espejo otra vez ¡y no pudo moverse! Además, se olvidó de todo- Olvidó su nombre y olvidó donde vivía. De repente, un hombre espantoso se le acercó y le dijo: "Bienvenido al Carnaval de Esclavos". Marcelino nunca volvió a casa y su familia nunca se olvidó de él.

Mini-lecturas para *¡Cuéntame mucho!*

Version 2

Había un chico que se llamaba Marcelino. Marcelino era muy simpático, pero tenía un problema: Era muy, muy feo. Era tan feo que nunca se animaba a pedirle una cita a ninguna chica y cada vez que se miraba en el espejo, gritaba de tan espantoso que se veía. Por eso, no se miraba en el espejo y así podía olvidarse de su cara espantosa.

Un día hicieron en su pueblo una fiesta de Carnaval y Marcelino quería ir. No pudo porque no tenía dinero. Era muy pobre porque era demasiado feo para conseguir trabajo. Sin embargo, fue al carnaval y lo miró desde afuera. El carnaval le parecía muy divertido y pensándolo, Marcelino se olvidó de que era feo. Un hombre se le acercó y le ofreció una entrada gratis. "¿Quieres una entrada gratis?", le preguntó a Marcelino. Marcelino aceptó la entrada gratis y se acercó a la entrada del carnaval. Mientras se acercaba, le gritó al hombre: "Gracias por la entrada gratis".

En la entrada, había una chica fea que tomaba las entradas. Marcelino pensó: "¡Ay de mí! Ella es tan fea que es espantosa". Marcelino no se olvidó de su cara fea y pensó: "¿Está pensando ella lo mismo de mí?". Marcelino quería olvidarse de su problema y por eso, miró por todas partes. Vio muchas exhibiciones y al instante, se olvidó de su problema. Vio exhibiciones de animales, de plantas extrañas y de personas grotescas. Se divertía mucho. Entró en una casita de espejos y vio muchos espejos diferentes: un espejo en que todo parecía muy grande, otro espejo en que todo parecía muy chico. Un espejo en que todo parecía muy largo y otro espejo en que todo parecía muy bajo. Había un espejo en que todo parecía muy guapo. Marcelino se miró en el espejo y se emocionó porque se parecía a Brad Pitt. Otra vez, se olvidó de su problema y estuvo muy feliz.

Mientras se miraba en el espejo donde todo parecía muy guapo, una chica entró y se miró en el espejo. ¡Era guapísima! Marcelino la miró en el espejo y ella lo miró a él en el espejo. Se miraron y se enamoraron tanto que decidieron casarse allí mismo. Entró un pastor y les hizo la ceremonia en la casita de espejos. Después de casarse, salieron de la casita de espejos y al instante, se dieron cuenta de que se habían casado con la persona más fea del mundo. Se olvidaron del 'espejo de guapos' y pensaron: "¿Cómo es posible que me haya casado con la persona más fea del mundo?". Entonces, recordaron el espejo y pensaron en la solución: entraron en la casita de espejos y robaron el 'espejo de guapos'. Hoy día viven felices con el espejo especial en la casa. Cuando se miran en el espejo se olvidan de su aspecto feo y así viven muy felices.

Mini-lectura #2 para Mini-cuento C

Devolvió   *tan maquillado como un payaso*   *salió del almacén*

Version 1

Dora, la trapecista salió del almacén. Tenía todo el maquillaje que necesitaba. Cuando llegó a su caravana, se arregló para el acto. Estaba tan maquillada como un payaso, y así podía hacer el acto perfectamente. Después, un espectador le preguntó cómo podía hacer el acto sin tener miedo. Dora le explicó cómo se maquillaba. El espectador no quería estar tan maquillado como un payaso, pero quería hacer ejercicios en el trapecio. Así que le pidió el maquillaje a Dora. Dora le respondió: "¿Por qué no compras tu propio maquillaje en el almacén?, y el espectador le explicó que tenía más interés que dinero. Ella le prestó su maquillaje, y le dijo: "Por favor, devuélveme el maquillaje mañana".

El espectador salió de la caravana y estaba muy feliz. Dora se quedó tan maquillada como un payaso toda la noche y en la mañana fue a buscar al espectador. Cada persona estaba tan maquillada como un payaso, y Dora no pudo reconocer a nadie. Nunca encontró al espectador y él nunca le devolvió el maquillaje. Dora nunca jamás se quitó el maquillaje, y se quedó tan maquillada como un payaso 24-7. Hoy día tiene ciento dos años y nadie lo sabe porque siempre está tan maquillada.

Version 2

Dora, una mujer de veintidós años, era una trapecista profesional muy famosa. Todo el mundo la conocía por su acto increíble y su maquillaje. Siempre estaba tan maquillada como un payaso. Su maquillaje era su marca distintiva. Su cara era un misterio y todos querían verla, pero Dora siempre estaba tan maquillada como un payaso. La gente siempre hacía planes para forzar a Dora a quitarse el maquillaje, pero nadie pudo hacerlo. Había un espectador muy malo que se llamaba Renaldo. Renaldo quería ver la cara de Dora. Como era rico y poderoso decidió hacer una competencia: "Desmaquillar a Dora la trapecista". Ofreció un millón de dólares a la persona que pudiera quitarle el maquillaje y sacarle una foto. ¡Pobre Dora! Todo el mundo la molestaba y Dora no vivía ni un día en paz.

Un día, Dora fue al parque con su perro. Se divertían jugando en el parque cuando un hombre se les acercó. Él le dijo a Dora: "Tu perro es muy bonito. ¿Podría jugar con el perro?" Dora, que era muy amable, lo dejó jugar con su perro. De repente, el hombre lo agarró y le dijo a Dora: "Quítate el maquillaje y yo te devuelvo al perro". Dora se negó a quitarse el maquillaje y por eso, el hombre no le devolvió a su perro. Dora, que estaba muy triste, se quedó tan maquillada como un payaso, dejó a su perro y salió del parque.

Luego, fue al almacén para comprar maquillaje. Se acercó a la dependiente de maquillaje y le pidió el maquillaje. La dependiente, que fingió que no la reconocía, le dijo: "Me encanta la bolsa. ¿Podría verla?". Dora, que era muy amable le dio su bolsa y la dependiente la admiró. Dora le pidió que la devolviera: "Por favor, devuélveme la bolsa. Estoy un poco apurada". La dependiente le respondió: "Te devolveré la bolsa cuando te quites el maquillaje". Dora se negó a quitarse el maquillaje y la dependiente se negó a devolverle su bolsa. Sin dinero, Dora no pudo comprar el maquillaje y muy molesta, salió del almacén.

Muy frustrada, Dora volvió a la caravana y fue al carrito de una amiga. Le pidió maquillaje: "¿Por favor, me prestas tu maquillaje? Fui al almacén y presté mi bolsa a la dependiente. Ella no me la devolvió y por eso, no pude comprarlo". Su amiga le respondió: "Si te quitas el maquillaje y me dejas sacarte una foto, te prestaré mi maquillaje". Dora pensó: "Aún mis amigos me han abandonado". Dora salió del carrito y fue a K-mart, un almacén que tiene unas cabinas de fotógrafos automáticos. Entró en la cabina, cerró la cortina y se quitó el maquillaje. Sacó un peso de emergencia que siempre guardaba en su zapato y lo metió en la máquina fotográfica. Se sacó una foto y con la foto en la mano, salió del almacén.

Dora fue a la oficina de Renaldo y le dio una foto suya sin maquillaje. Dora le pidió el millón de dólares y Renaldo se lo dio. Dora salió de la oficina y volvió al almacén. Compró el maquillaje y salió del almacén tan maquillada como un payaso. Al día siguiente, había una foto de Dora en el periódico, pero nadie creía que fuera auténtica porque nadie había visto a Dora sin maquillaje. Renaldo estaba enojado y le pidió a Dora que devolviera el dinero, pero Dora no se lo devolvió. Ella se quedó con el dinero y se mudó a Tahiti donde compró una casita en la playa. Allí vive muy feliz, tan maquillada como un payaso.

Mini-lectura #1 para Mini-cuento D

se vistió   *empujó*   *no aguantaba*

Verrsion 1

Había una chica que se llamaba Carolina. Era muy bonita. Quería ser modelo, así que fue a Nueva York para competir en 'La mejor modelo de América'. El día de la competencia, ella se vistió rápidamente y subió al subway. Había mucha gente en el tren y todos empujaban a Carolina. Ella les pidió que no la empujaran, pero seguían empujándola. Ella no aguantaba más y gritó en voz alta: "¡No me empujes!". Ella se bajó del tren y fue a la competencia a pie. Caminó unas 67 cuadras y le dolían mucho los pies. Ella no aguantaba más y llamó a un taxi. Un taxi **se paró**[1] frente a ella y cuando ella iba a subirse, un hombre la empujó y se subió al taxi. Carolina no lo aguantaba y persiguió al taxi, gritando: "¿Por que me empuja toda la gente?".

Por fin, Carolina llegó a la competencia, y había muchas chicas. Todas estaban en una **fila**[2] larga, esperando la oportunidad de competir. Ella se metió en la fila y las chicas empezaron a empujarla. Carolina no aguantó más y empezó a empujar a las chicas en la fila. Las empujó con toda su fuerza y todas las chicas se cayeron. Se lastimaron y no pudieron participar en la competencia. Carolina era la única que participó y así ganó la competencia. ¡Qué suerte!

[1]**stopped**   [2]**line**

Version 2

Carolina, una chica muy bonita, quería ser modelo y por eso fue a Nueva Cork a competir en 'La mejor modelo de América'. El día de la competencia, ella se vistió rápidamente y salió de la casa. Había mucha gente en la calle y esto era un problema porque Carolina estaba muy apurada. No podía pasar a la gente y por eso, empujó a cada persona que bloqueaba su camino. La gente no la aguantaba y llamó a la policía. La policía la buscó, pero ella se escapó en el subway. Había mucha gente en el tren y Carolina no pudo entrar. Pidió a la gente que la dejara entrar, pero nadie se movió. Carolina no aguantó más y empujó a la gente. Por fin, entró en el tren, pero la gente no la aguantaba. Le gritaban: "¡Vete de al lado nuestro! ¡Baja del tren". Carolina no les prestó atención y se quedó en el tren durante 24 minutos. La gente le seguía gritando y Carolina no aguantó más. Se bajó del tren y fue hacia la competencia a pie.

Carolina caminó unas 67 cuadras y le dolían mucho los pies. Ella no aguantaba el dolor y decidió ir en taxi. Un taxi se paró cerca de ella, pero se paró para un hombre, no se paró para Carolina. Cuando el hombre subió, Carolina se le acercó rápidamente y lo empujó. Él se cayó en la calle y Carolina se fue en el taxi.

Por fin, Carolina llegó a la competencia, y había muchas chicas. Todas estaban en una fila larga, esperando una oportunidad de competir. Carolina no quería meterse al **fondo**[1] de la fila, así que empujó a una chica en el frente y tomó su lugar. La chica empujó a Carolina y reclamó su lugar. Carolina fue a la próxima chica y la empujó, pero la chica la empujó a ella y se quedó en su lugar. Carolina seguía empujando a las chicas y pronto, ellas no la aguantaron más. La empujaron y le gritaron: "No nos vestimos con ropa elegante para ser empujadas. Vete de al lado nuestro. ¡Vete de aquí!". En ese momento, Tyra Banks entró y vio la situación. Se sintió mal por Carolina y la invitó a su oficina. Cuando Carolina salió con Tyra, las otras chicas no aguantaron más y salieron de la competencia. ¡Qué injusticia!

[1]**back or end**

Mini-lectura #2 para Mini-cuento D

se arregló   *el teléfono celular sonó*   *se enamoró a primera vista*

Version 1

Charles era un hombre simpático y guapo. Tenía un buen trabajo y muchos amigos, pero tenía un problema: Lidia, una nueva empleada, se enamoró de él a primera vista. Desafortunadamente, Charles no se enamoró de ella ni a primera vista, ni con el paso del tiempo. Cada día, Lidia se arreglaba de una manera muy bonita para impresionar a Charles, pero él no se impresionó. Charles se arregló para no impresionar a Lidia, se arregló para ofenderla. Sin embargo, Lidia se enamoró de Charles cada vez más.

Un día mientras Charles trabajaba, su teléfono celular sonó. Charles estaba un poco nervioso porque su teléfono nunca sonaba mientras trabajaba. Sin embargo, lo contestó: "Bueno". "Hola Charles", respondió una voz familiar. Era Lidia, y Charles no sabía que decir. De repente, tuvo una idea y le respondió así: "Hola Pamela". "No soy Pamela". "Ja ja, ya sé. Era una broma. Hola Margarita". Enojada, Lidia le respondió: "No soy Margarita". "Ah, er... ¿Alicia?...". Luego, Charles escuchó silencio, silencio completo. Su teléfono celular nunca jamás sonó mientras trabajaba y Lidia decidió enamorarse de otro.

Version 2

Charles, un hombre de veintinueve años, era simpático y guapo. Tenía una casa bonita y un buen trabajo. También tenía muchos amigos, pero sin embargo, estaba **soltero**[1]. A Charles no le importaba estar soltero. Le gustaba su vida de soltero y estaba muy contento así. Un lunes, mientras trabajaba, una empleada nueva llegó a la oficina. Se llamaba Lidia y era más o menos bonita. Charles la miró sin interés y siguió trabajando. Pronto, su teléfono celular sonó y Charles notó el número: era su jefe. Charles lo contestó: "Bueno". "Habla Franco, su jefe". "¿Sí, señor?". "Tenemos una nueva empleada y quiero que tú la entrenes". "Sí, señor. Está bien". Charles se acercó a la mujer y ella se enamoró de él a primera vista. Desafortunadamente, Charles no se enamoró de ella. La mujer le dio la mano y le dijo con una voz muy sexy: "Hola. Soy Lidia. Mucho gusto". Charles le respondió sin emoción: "Mucho gusto. Soy Charles. Voy a enseñarle su trabajo nuevo". Charles pasó el día enseñando a Lidia y cada hora, Lidia se enamoraba más de él.

Mini-lecturas para *¡Cuéntame mucho!*

El martes, Lidia se arregló de una manera muy bonita para impresionar a Charles, pero él no se impresionó. Charles no se arregló a la moda, pero sin embargo, Lidia se enamoró más de él. Desafortunadamente, Charles no se enamoró de ella. El miércoles, Lidia se arregló súper-bonita y se puso un perfume muy rico para impresionar a Charles, pero él no se impresionó. Charles no se arregló a la moda, y además, se olvidó ponerse desodorante. Sin embargo, Lidia se enamoró más de él. El jueves, Lidia se arregló de una manera sexy. Estaba tan maquillada como una súper-modelo y se vistió con una falda bien cortita. Quería impresionar a Charles, pero él no se impresionó. Al otro día Charles se arregló ofensivamente para repelar a Lidia, pero increíblemente, Lidia se enamoró aún más de él. El viernes, Charles ya no aguantaba más a Lidia y estaba aliviado de que fuera el último día de entrenamiento.

Mientras Charles trabajaba con Lidia, su teléfono sonó: "Bueno". "Habla Franco, tu jefe". "¿Sí, señor?". "Habrá una fiesta para los empleados y sus esposos o sus invitados, a las siete de la noche el viernes próximo. Que todos se vistan con ropa formal". Charles les anunció la fiesta a todos los empleados y todos estaban muy felices, en particular, Lidia. Lidia le dijo a Charles: "Charles, soy nueva aquí y no tengo con quien ir a la fiesta. ¿Me acompañarías?". Charles no quería ir con Lidia y le mintió: "Lo siento. Tengo una novia. Voy con ella". Lidia estaba muy desilusionada y Charles estaba muy nervioso: tenía que encontrar a 'una novia' para ir a la fiesta.

El sábado, Charles llamó a su amigo y le pidió ayuda: "Necesito a una mujer que finja ser mi novia". "¿Por qué no le pides a Margarita? Ella es amable y divertida". "Pero es muy deportista y atlética ¿Crees que **se vestiría**[2] con un vestido elegante para la fiesta?".

Margarita era deportista y siempre jugaba al fútbol, al básquetbol y al tenis. El sábado, jugaba al tenis cuando su teléfono celular sonó. No lo contestó porque jugaba al tenis, así que Charles le dejó un mensaje: "Margarita, te invito a una fiesta el viernes. Yo sé que sólo somos amigos, pero te pido un favor: finge ser mi novia". Dos horas más tarde, mientras Charles leía el periódico, su teléfono celular sonó. Era Margarita. Ella aceptó la invitación y se acordó de fingir ser la novia de Charles. El viernes, Charles fue a la casa de Margarita y cuando Margarita abrió la puerta, los ojos de Charles se abrieron tan grandes como platos. ¡Margarita era guapísima! Entonces no se vistió con ropa deportiva, sino que se puso un elegante vestido negro. Charles se enamoró de ella a primera vista. Margarita se impresionó con la elegancia de Charles y también se enamoró a primera vista. Luego fueron a la fiesta, se divirtieron y se enamoraron aún más. Cuatro meses más tarde, se casaron. ¡Qué romance cómico!

[1]**single (not married)**   [2]**would wear or dress**

Capítulo siete:
La criada o la malcriada

Mini-lectura #1 para Mini-cuento A

Guarda en una jarra   *(lo/la) golpeó*   *¡Qué desgracia!*

Version 1

Había un abuelito calvo que buscaba una cura para la **calvicie**[1]. Pasaba mucho tiempo preparando pastillas para hacer crecer el pelo y las guardaba en una jarra. El abuelo tenía tantas pastillas que la jarra parecía una jarra de dulces. Cada día, se levantaba temprano y hacía unas nuevas pastillas. Después, iba a su dormitorio, sacaba una pastilla de la jarra donde las guardaba y la tomaba, diciendo: "Un día voy a encontrar una cura. Voy a tener pelo. Esperaba un rato y cuando no le crecía el pelo, guardaba las pastillas en la jarra otra vez. Cada día, hacía una pastilla nueva. Y cada día, la jarra donde guardaba las pastillas estaba más llena.

Un día, el abuelo llevaba la jarra a su dormitorio y se tropezó con el perro. El abuelo se golpeó la cabeza con tanta fuerza que vio doble. La jarra golpeó al perro y al instante, se rompió. Las pastillas, que parecían dulces, se dispersaron por todas partes. ¡Qué desgracia! El perro empezó a comer las pastillas y el abuelo gritó: "¡No comas mis pastillas! ¡Qué desgracia!". Entonces pensó: "Ojalá que nada le pase a mi querido perro".

Después de diez minutos, el perro parecía diferente. Parecía que tenía más pelo. ¡Al perro le creció el pelo! El abuelo estaba muy emocionado y celebró que las patillas tuvieran éxito en el perro. El único problema era que él no sabía cuál pastilla o cuál combinación de pastillas fue/era la cura. ¡Qué desgracia!
[1]**baldness (falta de pelo)**

Version 2

Había un abuelito calvo que buscaba una cura para la calvicie. Pasaba mucho tiempo preparando pastillas de colores para hacer crecer el pelo y las guardaba en una jarra. En una jarra roja, guardaba las pastillas rojas; en una jarra verde, guardaba pastillas verdes. También tenía pastillas y jarras marrones, negras y azules. El abuelo tenía tantas jarras y pastillas que su dormitorio parecía un negocio de caramelos. Cada día, se levantaba temprano y hacía pastillas de colores nuevos. Después, iba a su dormitorio, sacaba una pastilla de una de las jarras donde las guardaba y la tomaba, diciendo: "Un día voy a encontrar una cura. Voy a tener pelo. Esperaba un rato y cuando no le crecía el pelo, guardaba las pastillas en la jarra otra vez. Cada día, hacía una pastilla nueva. Y cada día, había más jarras donde guardaba las pastillas de colores distintos.

Mini-lecturas para *¡Cuéntame mucho!*

El abuelo pasó 10 años buscando la cura para la calvicie. Un día, tomaba una pastilla verde mientras decía: "Espero que con esta pastilla me crezca el pelo", pero el pelo no le crecía. Entonces, golpeaba la jarra y decía: "¡Qué desgracia!". Otro día, tomaba una pastilla azul mientras decía: "Espero que algún día sea famoso con esta pastilla", pero no le crecía el pelo ni era famoso. Entonces, golpeaba la jarra y decía: "¡Qué desgracia!".

El día de su cumpleaños número 70, vinieron a verlo sus 15 nietos. Un nieto muy travieso golpeó la repisa1 donde el abuelo guardaba las jarras con las pastillas. Las jarras se cayeron al piso y las pastillas se dispersaron por todas partes. ¡Qué desgracia! Sus nietos pensaron que eran dulces y se las comieron. De repente, el abuelo se dio cuenta de que sus nietos tenían más pelo. A sus nietos les crecía el pelo rápidamente. Tenían más pelo en la cabeza y tenían más pelo en los brazos y en las piernas. A los nietos les crecía el pelo por todos lados. Parecían gorilas. ¡Qué desgracia! El abuelo estaba desesperado. Se golpeaba la cabeza y decía: "¡Encontré la cura para la calvicie! Pero… ¿qué pastillas son?". El abuelo se pasó otros diez años probando las pastillas que se cayeron en el piso y golpeando las jarras. ¡Qué desgracia!

Mini-lectura #2 para Mini-cuento A

Un taller de reparaciones   *apenas trabajaba*   *espero que no cueste mucho*

Version 1
Cerca de mi casa, abrieron un taller de reparaciones de televisores, radios y estéreos que apenas trabaja. Al dueño del taller de reparaciones no le gusta su trabajo, por eso, abre el taller de reparaciones muy tarde, apenas trabaja y cierra muy temprano.

Un día, fue un cliente con un televisor, diciendo: "Espero que no cueste mucho", el dueño lo miró y le dijo: "Y yo también espero que no me cueste mucho repararlo porque ese televisor es horrible". El cliente se fue enojado y se llevó el televisor. Con razón, el taller de reparaciones apenas trabaja.

Otro día, mi hermana llevó a reparar su MP3. El dueño la miró y le dijo: "¿Cuánto esperas que te cueste?". Mi hermana le respondió: "Espero que no me cueste más de $ 10". El dueño del taller de reparaciones le respondió: "Espero que no me cueste explicarte que apenas trabajo y que sólo realizo trabajos de más de $ 100". Mi hermana le respondió: "Por eso usted apenas trabaja", y se llevó su MP3.

¡Era increíble! Uno por uno, los clientes dejaron de ir al taller de reparaciones. En sólo dos meses, nadie llevaba cosas para reparar y el dueño, que apenas trabajaba, ahora no trabaja nada. Cansado del taller que no tenía éxito, el dueño empezó a vender televisores, radios y estéreos nuevos. Ahora, cuando alguien va al taller de reparaciones y le dice: "Espero que no cueste mucho repararlo", el dueño le explica: "Espero que no me cueste convencerlo de que es mejor comprar uno nuevo". Los clientes ya no salen enojados del taller. Ahora salen con un aparato nuevo.

Version 2

Julián era empleado en un taller de reparaciones de platos. En realidad, apenas trabajaba porque a nadie le interesaba reparar los platos rotos. Al empleado del taller de reparaciones su trabajo le parecía muy difícil y, por eso, abría el taller de reparaciones sólo los lunes, miércoles y viernes. Como apenas trabajaba, no era necesario abrir todos los días.

Un día, fue un cliente con un plato carísimo y muy antiguo. El cliente vio que Julián apenas trabajaba y le dijo: "Espero que no cueste mucho y también espero que repare el plato rápidamente". Julián miró al hombre y al plato y le dijo: "Y yo también espero que no me cueste mucho viajar a China, porque este plato es chino y necesito ir a China a buscar un pedacito de plato para repararlo". El cliente se dio cuenta de que un viaje a China era carísimo y el plato era viejo, así que decidió no repararlo. Con razón, el taller de reparaciones apenas trabajaba.

Otro día, un malabarista1 entró al taller de reparaciones. Quería reparar 380 platos. Julián lo miró y le dijo: "¿Cuánto esperas que te cueste?". El malabarista le respondió: "Espero que no me cueste más de $ 100. En el circo me pagan muy poco porque dicen que rompo muchos platos". El empleado del taller de reparaciones le respondió: "Espero que no me cueste explicarte que mi trabajo es muy difícil así que cuesta caro". ¡Qué desgracia! El malabarista se fue enojado.

La última vez que vi a Julián en el taller de reparaciones estaba con dos clientes muy extraños. Estaban pintados de verde. Escuché que querían reparar un gran plato volador. No sé si le dijeron a Julián: "Espero que no cueste mucho" o si Julián reparó el plato o no. Lo que sé es que un día el taller de reparaciones se iluminó y desapareció repentinamente. ¡Increíble!

Mini-lectura #1 para Mini-cuento B

quiero que crezca   *sembró una planta*   *regaba*

Version 1

Francisco es un chico súper inteligente. Es tan inteligente que trata de descubrir la fórmula para hablar rápido otro idioma. Él leyó unos libros muy interesantes sobre siembra y clonación.

Un día, Francisco sembró una planta. La planta que sembró Francisco era muy pequeña y dijo: "Quiero que esta planta crezca escuchando español". No la regó con agua sino que la regó con leche durante siete días porque también pensó: "Los españoles toman mucha leche. Quiero que esta planta crezca blanca como la leche". Durante dos días, la regó con leche chocolatada, porque pensó: "A los españoles les gusta la leche chocolatada. Quiero que mi planta crezca con olor a chocolate". La planta que sembró Francisco comenzó a crecer. Mientras la regaba, le hablaba en español y la observaba crecer. Finalmente le puso un nombre. La llamó "la misma pero en español".

Cada día, Francisco iba a ver a su planta y le contaba todos los **chismes**1 de las bandas latinas más importantes. Un día, la planta que Francisco sembró abrió sus hojas y habló: "Hola Francisco, gracias por enseñarme español en sólo siete días. Ahora soy una planta bilingüe". Francisco se puso muy contento y decidió regalarle la planta a su profe de español.

1**gossip**

Mini-lecturas para _¡Cuéntame mucho!_

Version 2

Francisco es un chico súper inteligente. Es tan inteligente que acaba de descubrir la fórmula para hablar rápido otro idioma. Cada día, él practicaba la fórmula. Para mejorar la fórmula él sembró muchas plantas diferentes. Sembró una planta de frijoles, sembró una planta de café y muchas otras plantas. Él leyó unos libros muy interesantes sobre siembra y clonación.

Un día, Francisco sembró una planta muy pequeña de frijoles California en la tierra. La regó con leche y no con agua durante siete días. Le hablaba en español cada día, la observaba crecer cada día y finalmente le puso un nombre. La llamó "la misma pero en español." Le contaba todos los chismes de las bandas latinas más importantes. Un día, la planta abrió sus hojas y habló: "Hola Francisco, gracias por enseñarme español en sólo siete días." "Ahora soy una planta bilingüe."

Francisco estaba muy contento y regaba la planta cada día. La regaba con café, con leche chocolatada y todas las otras bebidas favoritas de Francisco. Pero después de una semana, Francisco se cansó de regar la planta cada día y ya no la regó. Ni le habló. Mientras tanto, la planta siguió hablando en español, pero sólo decía groserías. Francisco se asustó y le pidió a la planta: "Por favor, no digas groserías." Pero la planta estaba muy enojada y siguió diciendo malas palabras.

Francisco empezó a cuidar a su planta de nuevo. Puso fertilizante en la tierra, y cada día le contaba las noticias latinas y la regaba con leche chocolatada. Sin embargo, la planta siguió diciendo groserías. Puso vitaminas en la tierra, cada día le hablaba sobre películas latinas y la regaba con Pepto Bismol. Sin embargo, la planta siguió diciendo groserías. Puso una poción en la tierra, cada día le hablaba sobre latinos famosos y la regaba con jabón. Sin embargo, la planta siguió diciendo groserías. Francisco no sabía qué hacer. No tuvo más remedio que regalársela a su profe de español.

Mini-lectura #2 para Mini-cuento B

la tierra   _creía_   _echó_

Version 1

Había una chica que se llamaba Esmeralda que quería ser química. Sus padres le regalaron un juego de química. Esmeralda tenía cinco hermanos y creía todo lo que sus hermanos decían. Un día, sus hermanos le dijeron que las flores rojas sólo crecían en tierra roja. Esmeralda creía todo lo que sus hermanos le decían y, por eso, echó pintura roja a la tierra. Los hermanos se rieron en secreto.

Otro día, los hermanos le dijeron que los ríos y lagos eran en realidad, tierra azul. Esmeralda compró 50 litros de pintura azul porque creía todo lo que sus hermanos le decían y le echó la pintura azul a la tierra, esperando que se volviera **mar**[1] o que apareciera un poco de agua. Los hermanos se rieron tanto que Esmeralda decidió darles una lección. A la noche, fue al lugar donde había echado pintura azul a la tierra e hizo un **pozo**[2] bastante profundo. Después, echó mucha agua y más pintura azul permanente. A la mañana siguiente, se escondió detrás de un árbol y gritó: "¡Socorro! ¡Estoy en un pozo y no puedo salir!". Los hermanos vieron el pozo de agua en la tierra y pensaron que Esmeralda estaba allí. Inmediatamente, fueron a salvarla. Al salir, estaban completamente azules. Estuvieron azules una semana y aprendieron que su hermana ya no creía todo lo que le decían.

[1]sea   [2]well

Version 2

Había una chica que se llamaba Esmeralda que quería ser química. Sus padres le regalaron un juego de química. Esmeralda tenía cinco hermanos y creía todo lo que sus hermanos decían. Un día, sus hermanos le dijeron que los peces se morían en la tierra porque eran alérgicos a la tierra. Esmeralda preparó medicina antialérgica con su juego de química y se la echó a los peces. Después, sacó un pez de la pecera y lo puso en la tierra y el pez se murió. Esmeralda tiró a la basura todo el antialérgico que había preparado porque creía que no era bueno.

Otro día, los hermanos de Esmeralda le dijeron que las tortugas de tierra eran marrones porque siempre estaban en la tierra. Esmeralda creía todo lo que sus hermanos decían. Con su juego de química, fabricó tierra de colores y la echó en la caja donde estaban las tortugas. También echó tierra en cada una de las 3 tortugas que tenían. Las tortugas no se murieron pero tampoco cambiaron de color.

Al escuchar la historia, los hermanos se rieron tanto que Esmeralda se dio cuenta de que sus hermanos eran **mentirosos**[1]. En su dormitorio, Esmeralda tuvo una idea. En secreto, se compró un pony y lo llevó a su dormitorio. Dos días después, salió de su dormitorio y les dijo a sus hermanos: "Inventé una poción de tierra y con ella me volveré un pony". Allí mismo, se echó la tierra encima y entró en el dormitorio. A los cinco minutos salió el pony. Los hermanos se asustaron muchísimo porque pensaron que Esmeralda iba a ser un pony para siempre. Desesperados, le pidieron que volviera. Desde su dormitorio, Esmeralda les dijo: "Coman tierra y volveré". Los hermanos comieron mucha tierra y   Esmeralda salió de su dormitorio riéndose mucho. Ya no creía todo lo que sus hermanos decían.

[1]liers (lying)

Mini-lectura #1 para Mini-cuento C

una mosca   *la escoba*   *aterrizó*

Version 1

Mili, una criada que vive en Santa Cruz, Bolivia, tenía una mosca llamada Godzila. La mosca no era normal. Era más grande que un 777 de American Airlines y más fuerte que un gorila. Como era grande y fuerte, Godzila no podía encontrar novio, ni volar por sí misma. Por eso, siempre volaba en su escoba y cuando aterrizaba, asustaba a las otras moscas. Un día, fue a una fiesta de moscas y aterrizó allí. Las moscas se asustaron tanto que se volaron a otra parte. Otro día, aterrizó en un estadio de fútbol de moscas, y las moscas que jugaban al fútbol volaron lejos del estadio.

Godzila, la mosca grande, no era feliz porque lo que realmente quería era un novio. Mili decidió buscar a un novio para Godzila, la mosca grande. Mili se subió a la escoba y fue a la Antártida, donde las moscas eran más grandes que en otros lugares. Aterrizó en un club de esquí de moscas y se chocó con una mosca grande… ¡y la mató! El esposo de la mosca muerta se enojó con Mili, pero de repente vio a Godzila, la mosca grande, quien le pidió que se casara con ella. A él le encantó la escoba, así que se casó con Godzila, la mosca grande.

Mini-lecturas para *¡Cuéntame mucho!*

Version 2

Mili, una criada que vive en Santa Cruz, Bolivia, tenía una mascota rara. Tenía una mosca grande que se llamaba Godzila. La mosca no era una mosca normal. Godzila, la mascota grande, era más grande que un 777 de American Airlines y más fuerte que un gorila. Casi todas las moscas amigas admiraban a Godzila pero ella no era feliz. Ella era una mosca tan grande que no podía conseguir novio. Además Godzila no podía volar por sí misma y es así que siempre volaba con su escoba, una Milenium 2003, con tecnología de última generación.

Godzila había comprado la escoba en una feria de un pueblo pequeño, donde la gente no compra aparatos tan modernos. La escoba era bastante grande, tenía tres asientos adelante y tres asientos atrás. La escoba era de color negro y tenía dos palos en vez de uno porque era una escoba aerodinámica. Aún con su escoba increíble, Godzila, la mosca grande, no era feliz porque realmente quería un novio.

Mili decidió buscar a un novio para Godzila, la mosca grande. Así que las dos salieron a recorrer toda Sudamérica en la escoba Milenium 2003 buscando un novio. La escoba aterrizó en Cuzco, Perú, pero era muy alto y no podían respirar. Luego la escoba las llevó a Santiago de Chile, pero el ejército Chileno atacó la escoba. Así que no aterrizaron ahí. Lo más rápido posible, la escoba las llevó a Ushuaia, la ciudad más **austral**[1] de Sudamérica. La escoba aterrizó en la playa y golpeó a un pingüino. El pingüino se murió, y cientos de sus familiares se enojaron con Mili y Godzila. Así que la escoba **despegó**[2] rápidamente y llevó a Mili y a su mosca hasta la Antártida.

El vuelo fue de lo mejor. La escoba aterrizó al lado de un nido de moscas. No eran moscas normales, ¡eran grandísimas! Godzila, la mosca grande, se bajó de la escoba y apenas había bajado cuando una mosca llamada Rocky se acercó. Godzila y Rocky se enamoraron y decidieron casarse. Godzila quería ir a vivir a Bolivia, pero la mamá de Rocky –que era más grande que Godzila– los "convenció" de que las moscas gigantes deben vivir en la Antártida. Godzila ya no vuela en su escoba sino que barre y limpia la casa para que su suegra, la mamá de Rocky, no la critique.

[1]**Southernmost**　　　　　　　　[2]**took off**

Mini-lectura #2 para Mini-cuento C

se metió en un lío　　　　　*barría el piso*　　　　*una criada boliviana*

Version 1

Etelvina era una chica boliviana que trabajaba como criada en la casa de Joaquín. Cada mañana Etelvina, la criada boliviana, barría el piso de la casa con su escoba de última generación, de 5900 dólares. La criada boliviana barría el piso de la cocina en un segundo. La criada boliviana barría el piso de los cuartos en tres segundos y luego barría el piso de los baños en menos de un segundo.

Una mañana, mientras Etelvina, la criada boliviana, barría el piso con su escoba de última generación, un vecino vio que Etelvina, la criada boliviana, hablaba con la escoba. ¡Etelvina se metió en un lío! El vecino llamó por teléfono al 911 y dijo que una criada boliviana loca barría el piso mientras hablaba con su escoba. Pero ¡el vecino también se metió en un lío!

Etelvina fue a la casa del vecino, lo golpeó con la escoba y los dos comenzaron a pelear. Mientras lo golpeaba, llegó la policía. ¡Etelvina y el vecino se metieron en un lío todavía más grande! Cuando la policía los vio golpearse, los llevó a prisión y los dejó allí durante una semana. Después los soltaron pero tuvieron que hacer un curso de 6 meses sobre "Control de Ira" y otro de "Comportamiento Educado". Ahora los dos se saludan educadamente porque no quieren meterse en otro lío.

Version 2

Etelvina era una chica que trabajaba como criada en la casa de Joaquín. Cada mañana, Etelvina, la criada, barría el piso de la casa con su escoba de última generación de 5900 dólares. Cada mañana un vecino observaba cómo ella barría el piso. Etelvina era, en realidad, una espía muy famosa que barría el piso en la casa de Joaquín, otro espía muy famoso también.

Una mañana mientras ella barría el piso con su escoba de última generación, un vecino, Roberto Lovetodo, agente secreto, vio que Etelvina, la criada, hablaba con la escoba. ¡Etelvina se metió en un lío! Roberto Lovetodo se dio cuenta de que la criada era la espía número uno, la más peligrosa de los Estados Unidos. Ella simulaba ser una criada y barría el piso de las casas de gente famosa, donde trabajaba, para obtener información secreta.

El vecino llamó a la central de operaciones y dijo que una criada barría el piso mientras hablaba con su escoba. Luego el empleado de la central llamó al hospital psiquiátrico. Los psiquiatras vinieron a la casa de Robert Lovetodo y se lo llevaron al hospital. ¡Robert Lovetodo se metió en un lío! La terapia consistía en barrer cada día el piso de todo el hospital. Robert Lovetodo se quejaba: "No estoy loco y no soy criado". ¡Qué lío!

Un día, Robert Lovetodo se escapó del hospital y fue hasta la casa de Joaquín. Quería capturar a la criada, quien era espía. Llegó a la casa y trató de agarrar a Etelvina, pero la escoba, que era campeona de kárate, lo golpeó. Otra vez, Roberto Lovetodo se metió en un lío. Los psiquiatras volvieron a la casa y devolvieron a Robert al hospital.

Hoy día, Robert Lovetodo vive en el hospital. Cada día, barre el piso de todo el hospital. Ahora, completamente loco, mientras barre el piso, él le habla a la escoba. Lleva la escoba a todas partes: a bañarse, a dormir, a comer, etc. Los psiquiatras dicen que él sufre de una enfermedad que se llama Escobatitis. ¡Qué lío!

Mini-lectura #1 para Mini-cuento D

la sala de estar   *iba a cumplir los quince años*   *la telenovela*

Version 1

Una chica que se llamaba Marta iba a cumplir los quince año dentro de un mes. Ella era una chica muy solitaria y no tenía amigas. A ella sólo le interesaba mirar telenovelas y no iba a la escuela por eso. Cada día, veía telenovelas en la sala de estar. Ella tenía un televisor en su dormitorio pero prefería mirar las telenovelas en la sala de estar porque el televisor de la sala de estar era muy grande.

Una mañana mientras barría el piso de la sala de estar y miraba una telenovela, Marta se dio cuenta de que iba a cumplir quince años y que iba a festejarlo en un mes. El problema era que ella no tenía amigos para invitar. ¡Qué desgracia! Para resolver la situación, ella llamó a una agencia que **alquila**[1] amigos. Les explicó que iba a cumplir los quince años y que quería alquilar muchos amigos y amigas. Pagó más de quinientos dólares para alquilar amigos para la fiesta.
[1]**rents**

Version 2

Una chica que se llamaba Marta iba a cumplir los quince años en un mes. Marta tenía una prima que iba a cumplir los quince años también pero al año siguiente. Marta era una chica muy solitaria y no tenía muchas amigas. A ella sólo le interesaba mirar telenovelas. Cuando tenía 13 años, abandonó la escuela para mirar telenovelas todo el día. Ella miraba telenovelas románticas, y la que más le gustaba era la telenovela: "Ella iba a cumplir quince años". Cada día, veía la telenovela "Ella iba a cumplir quince años" en la sala de estar. Marta siempre miraba la telenovela en la sala de estar porque la pantalla era más grande y creía que era mejor.

Una mañana mientras barría el piso de la sala de estar, miraba la telenovela y conversaba con una mosca, su única amiga. Marta y la mosca miraban juntas la telenovela en la sala de estar. En la telenovela, "Ella iba a cumplir quince años", la protagonista no tenía amigas y estaba muy deprimida porque iba a celebrar su quinceañera y no tenía amigos para invitar. Después de ver la telenovela, Marta se dio cuenta de que iba a cumplir los quince años y ella tampoco tenía amigos.

Marta iba a hacer una fiesta, pero sólo tenía una amiga: la mosca. ¡Qué desgracia! Marta fue a pie a la casa de su prima y le pidió que hicieran una fiesta juntas, porque su prima tenía muchas amigas. Su prima le dijo que no podía ayudarla porque ella iba a cumplir los quince años pero al año siguiente. Luego, Marta publicó este anuncio en el periódico: Necesito amigos para festejar mi quinceañera. ¡Pobre Marta! Nadie respondió a su anuncio. Desesperada, ella fue a la casa de la mosca y le explicó su problema.

La mosca invitó a todos sus amigos a la quinceañera de Marta. Cientos de moscas llegaron a la fiesta. Marta comió con las moscas, bailó con ellas y conversó con ellas. ¡Ella estaba tan contenta! Ahora mientras mira las telenovelas en la sala de estar, hay más de cien moscas sentadas con ella. Cientos de moscas nuevas visitan la casa de Marta cada día y ella hace nuevas amigas constantemente.

Mini-lectura #2 para Mini-cuento D

la dejó caer   pertenecía   nunca supo

Version 1-A

Moncho trabajaba en un taller de reparaciones que pertenecía a su padre. Moncho se sentía frustrado porque quería trabajar en el taller que pertenecía a su tío (Su papá nunca lo supo). Cada día Moncho tenía que lavar la dentadura de su papá. Eso le molestaba mucho, por eso no lavaba la dentadura bien sino que la dejaba caer en el agua. Un día, Moncho iba a lavar la dentadura, pero por accidente la dejó caer en el líquido del radiador. Echó un poco agua y se la devolvió a su papá. Su papá no supo que la había dejado caer en el líquido, pero se puso la dentadura y comentó: "¿Con qué lavaste mi dentadura? ¿La lavaste en jugo de espinacas?". El papá de Moncho decidió que Moncho no podía trabajar en su taller porque no sabía ni lavar una dentadura. Al día siguiente, Moncho se fue a trabajar al taller que pertenecía a su tío.

Version 1-B

A Serena le gustaba ponerse la ropa blanca que pertenecía a su hermana. Y cuando Serena se ponía ropa que pertenecía a la hermana, la hermana de Serena se enojaba muchísimo. Un día, Serena se puso una blusa blanca que pertenecía a su hermana y se fue a comer pizza con su novio. Mientras comía, dejó caer salsa en la blusa. Desesperada, lavó la blusa con "Wonder White" y su hermana nunca supo que Serena había dejado caer salsa. Otro día, Serena se puso un pantalón blanco que pertenecía a su hermana y se fue a bailar con su novio. Mientras bailaba, dejó caer su bebida en el pantalón. Desesperada, quiso lavar el pantalón con "Wonder White", pero se confundió y lo lavó con "Wonder Green". La mancha salió, pero el pantalón quedó verde. Cuando la hermana vio el pantalón, supo la verdad, pero no se enojó. Serena nunca supo que a la hermana le gustó más el pantalón verde.

Version 2

Moncho trabajaba en un taller de reparaciones que pertenecía a su padre. Toda la familia trabajaba en el taller que pertenecía al padre y todos tenían dentaduras. Un día, Moncho le pidió a su padre si lo dejaba trabajar en el taller que pertenecía al Tío Tomás. Su padre se negó y Moncho nunca supo por qué. Moncho también le pidió dientes naturales, pero su padre se negó. Moncho nunca supo por qué. Moncho no estaba contento con su situación. No quería trabajar para su papá, ni llevar dentadura postiza.

Algunos días más tarde, su mamá le mandó que lavara la dentadura que pertenecía a su padre. Frustrado y molesto, Moncho se la quitó de la boca y se fue a lavarla. Pero de repente, **estornudó**[1] y la dejó caer en una **cubeta de aceite**[2] que pertenecía a su hermano. Su papá no supo que la había dejado caer en el aceite, porque después; Moncho la lavó con 'Windshield Bright', un líquido para lavar parabrisas. Su papá tampoco supo con qué lavó la dentadura.

Al ver su dentadura, su papá estuvo muy alegre y le dijo a Moncho: "¿Qué usaste para lavar la dentadura? ¡Se ve tan brillante!". Moncho mintió y le dijo que usó Palmolive™. Su padre no supo que le había mentido y le creyó. Entonces lo mandó a lavar la dentadura que pertenecía a su mamá. Moncho, que era un chico muy obediente, le quitó la dentadura de la boca a su madre y la lavó en una copa que pertenecía a su madre. Después le devolvió la dentadura a su madre, pero ella le dijo: "Moncho, lávala como lavaste la que pertenece a tu papá. La suya salió más brillante".

Moncho se sintió mal porque no quería lavar la dentadura de la misma manera en que había lavado la dentadura que pertenecía a su padre. Pero como su mamá insistió, Moncho recogió la dentadura y la echó en la cubeta de aceite. Luego la lavó con "Windshield Bright". De todos modos, la dentadura no salió muy brillante, y Moncho no supo por qué. Al ver la dentadura, la mamá se puso triste y empezó a llorar.

Moncho, frustrado y molesto, agarró la dentadura que pertenecía a su madre y se fue a lavarla de nuevo. Pero de repente, estornudó y la dejó caer en la cubeta de aceite. Su mamá nunca supo que la dejó caer en aceite. Luego, la agarró y la lavó con "Windshield Bright". Su mamá tampoco supo que la lavó con Winshield Bright. Moncho le dio la dentadura a su mamá y ella le agradeció: "¡Qué brillante! Gracias, Moncho".

[1]sneezed   [2]bucket of oil

Capítulo ocho:
La criada heroína

Mini-lectura #1 para Mini-cuento A

empezó a temblar   *no te preocupes*   *un terremoto*

Version 1

Esteban y Cecilia se iban a casar el 11 de enero y se iban de luna de miel a Perú el 12 de enero. Cecilia estaba preocupada porque hay terremotos en Perú, pero Esteban le dijo: "No te preocupes. No hay terremotos en enero en Perú". En realidad, Esteban no sabía si había o no terremotos en enero en Perú, pero Esteban tenía tan poco dinero, que Perú era el único lugar bonito adonde podía llevar a Cecilia. Esteban y Cecilia llegaron al hotel y se acostaron porque estaban muy cansados. Esteban estaba durmiendo cuando Cecilia empezó a temblar. Esteban le dijo: "No te preocupes, no hay terremotos en Perú en enero". Y Cecilia le respondió: "Yo no me preocupo por los terremotos, pero la cama sí". Esteban no entendió: "¿Te preocupas por la cama?". Cecilia le dijo: "No. La cama está preocupada porque empezó a temblar. Es más, la mesa empezó a temblar y las sillas empezaron a temblar". Esteban supo que el temblor no era miedo o preocupación sino que era un terremoto. Por eso, Esteban y Cecilia empezaron a correr tan rápido que llegaron al aeropuerto en 3 minutos y allí mismo se tomaron el avión de vuelta a casa.

Version 2

Cecilia siempre se preocupaba por todo. Cada vez que se preocupaba empezaba a temblar. Su novio, Esteban, siempre le decía: "No te preocupes", pero Cecilia siempre se preocupaba. Cuando Esteban le propuso matrimonio, Cecilia empezó a temblar. Esteban le dijo: "No te preocupes. Si quieres, me aceptas y si no quieres, me dices que no". Obviamente, Cecilia aceptó.

Cuando fueron a hacer los arreglos para la ceremonia, Cecilia vio los costos y empezó a temblar. Esteban le dijo: "No te preocupes. Tengo dinero suficiente". Cuando fueron a la agencia para hacer los arreglos para la luna de miel, Cecilia vio tantos lugares que empezó a temblar. Esteban le dijo: "No te preocupes. Todos los lugares son hermosos contigo", y decidió ir a Perú. Cecilia empezó a temblar porque sabía que había terremotos en Perú, pero Esteban le dijo: "No te preocupes. No hay terremotos en Perú en esta época del año". En realidad, Esteban no sabía si había o si no había terremotos, pero siempre había soñado ir a Perú en su luna de miel. Además, Esteban estaba acostumbrado a los temblores de Cecilia. Para él, un terremoto era un temblor como el de Cecilia, pero más grande.

Finalmente, Esteban y Cecilia se casaron. Cuando Cecilia llegó a la ceremonia, empezó a temblar y Esteban le dijo: "No te preocupes. Estás hermosa". Cuando llegaron a la fiesta, Cecilia empezó a temblar y Esteban le dijo: "No te preocupes. Todo está en orden". Cuando bailaron el vals, Cecilia empezó a temblar. Temblaba tanto que Esteban le pidió a la orquesta que tocara música árabe para que Cecilia pudiera temblar. Después, bailaron música africana y rumba, así que Cecilia pudo temblar tranquila. Cecilia tembló y tembló toda la noche mientras bailaban, pero nadie lo notó, excepto Esteban.

Después de la fiesta, Esteban y Cecilia se fueron al aeropuerto. Antes de subir al avión, Cecilia empezó a temblar y Esteban le dijo una vez más: "No te preocupes". En el avión, Cecilia empezó a temblar y Esteban le dijo: "No te preocupes. Todo está en orden", pero Cecilia no podía dejar de temblar. Temblaba y temblaba. Finalmente llegaron a Perú y se bajaron del avión. Cecilia temblaba y temblaba. De repente, Cecilia dejó de temblar, pero Esteban empezó a temblar, todas las personas empezaron a temblar, las sillas y las mesas empezaron a temblar. El aeropuerto entero empezó a temblar. "¡Terremoto!", gritó una persona. "¡Hay un terremoto!", gritó un policía. Todos empezaron a correr mientras temblaban. Todos temblaron excepto Cecilia, que estuvo muy tranquila todo el tiempo.

Mini-lectura #2 para Mini-cuento A

nunca había visto   *estaba rodeada*   *¿Te gustaría ir?*

Version 1

Había una chica que se llamaba Juanita, que nunca había visto el mar. Su novio, Ezequiel, había visto el mar muchas veces, pero como sabía que Juanita nunca había visto el mar, un día le preguntó: "¿Te gustaría ir a la playa este fin de semana?". Obviamente, Juanita aceptó porque nunca había visto el mar.

Ezequiel y Juanita fueron a la playa en un día de mucho calor. Juanita se sentó y empezó a llegar mucha gente. 20 minutos después, Juanita estaba rodeada de gente y estaba incómoda. Ezequiel se dio cuenta e invitó a Juanita al mar: "¿Te gustaría ir al mar conmigo?". A Juanita le gustó la idea porque en el mar no iba a estar rodeada de tanta gente.

Ezequiel y Juanita se metieron en el mar. De repente, Juanita comenzó a reír: "Mira, Ezequiel, estoy rodeada de peces". Ezequiel empezó a temblar y dijo: "¿Te gustaría ir a la playa?", porque se dio cuenta de que los peces eran tiburones. ¡Qué susto!

Version 2

Había una chica que se llamaba Juanita que vivía en la montaña. La casa de Juanita estaba rodeada de montañas, por eso había muchas cosas que Juanita nunca había visto. Juanita nunca había visto un auto, porque nadie iba en auto a un lugar rodeado de montañas. Juanita nunca había visto una ciudad ni había visto el mar. Un día, llegó un chico muy guapo a la montaña de Juanita. Su nombre era Ezequiel. Ezequiel viajaba mucho y había visto muchas cosas que Juanita no había visto.

Ezequiel se acercó a la casa de Juanita y vio a Juanita en el parque, rodeada de flores de colores y se enamoró al instante. Ezequiel invitó a Juanita a salir: "¿Te gustaría ir a pasear en mi auto?". Juanita aceptó y fueron a la autopista, pero a Juanita no le gustó porque estaba rodeada de autos. Entonces Ezequiel le preguntó: "¿Te gustaría ir a la ciudad?". Juanita aceptó y juntos fueron a la ciudad, pero a Juanita no le gustó porque estaba rodeada de personas.

Finalmente, Ezequiel le dijo: "¿Te gustaría ir al mar?". Juanita aceptó y fueron al mar. A Juanita le gustó el mar. Le gustó tanto que le dijo a Ezequiel: "Me gustaría vivir aquí". Inmediatamente, Ezequiel compró una casa en la playa e invitó a Juanita: "¿Te gustaría conocer mi nueva casa?". Juanita aceptó. En la casa, Ezequiel le dijo: "¿Te gustaría vivir en esta casa conmigo?". Juanita no aceptó y le dijo: "Me gustaría vivir contigo, en una casa rodeada de mar".

Mini-lectura #1 para Mini-cuento B

¡Claro que sí!   *No quiero que me mires*   *una sonrisa*

Version 1

Conocí a un muchacho que se llamaba Bart. Un día, mientras caminaba por la calle, Bart se distrajo y tuvo un accidente. Vio a una chica, la saludó, pero no le dirigió una sonrisa porque nunca le dirigía una sonrisa a nadie. La chica le dijo: "No quiero que me mires". Bart la miró enojado y no le prestó atención al tráfico. De repente, un coche lo **atropelló**[1]. Se dañó la cabeza y desde el momento del accidente, no recordó nada. No recordaba su nombre ni recordaba su dirección. Pero lo más extraño fue que por culpa del golpe todo el tiempo decía: "¡Claro que sí!" sin tener en cuenta la situación.

Después del accidente, un policía le preguntó: "¿Quieres pagar una **multa**[2]?" Bart le respondió: "¡Claro que sí!" Luego, el policía le preguntó: "¿Quieres ir a la cárcel?". Bart le respondió: "¡Claro que sí!" Así que el policía lo llevó a la cárcel. Luego le preguntó: "¿Quieres quedarte con el criminal más violento del mundo?" Bart le respondió: "¡Claro que sí!" ¡Pobre Bart! En cuanto llegó a la cárcel, el criminal violento le dijo: "¡No quiero que me mires! ¿Entiendes? ¡NO QUIERO QUE ME MIRES!". Bart le respondió: "¡Claro que sí!" y resulta que ahora el criminal violento está incomunicado.

[1] **ran him over**   [2] **fine**

Version 2

Conocí a un muchacho que se llamaba Bart. Un día, mientras caminaba por la calle, Bart se distrajo y tuvo un accidente. Vio a una chica, la saludó, pero no le dirigió una sonrisa porque nunca le dirigía una sonrisa a nadie. La chica le dijo: "No quiero que me mires". Bart la miró **asombrado**[1] y no le prestó atención al tráfico. De repente, un coche lo atropelló. Se dañó la cabeza y desde el momento del accidente, no recordó nada.

Inmediatamente, no recordó su nombre; no recordó su dirección; no recordó su edad; no recordó sus hábitos, ni sus pasatiempos. Ni siquiera recordó el accidente. Se cayó inconsciente, y cuando se despertó sólo podía responder con un: "¡Claro que sí!". Respondía a cualquier pregunta diciendo: "¡Claro que sí!". "¿Recuerdas tu nombre?", le preguntó el doctor. Le respondió: "¡Claro que sí!". "¿Causaste el accidente?", le preguntó la policía. Le respondió: "¡Claro que sí!". "¿Quieres pagar por el daño que le hiciste al coche?", preguntó el agente del seguro. Le respondió: "¡Claro que sí!".

Mini-lecturas para *¡Cuéntame mucho!*

Después del accidente era como si fuera otra persona. Bart les dirigía una sonrisa a todos, aún a sus enemigos. Les dirigió una sonrisa a todos los doctores; les dirigió una sonrisa a los policías; le dirigió una sonrisa a la persona que manejaba el coche que lo atropelló; y también le dirigió una sonrisa al **abusón**[2] -quien siempre le invitaba a pelear, y el abusón le dijo: "¡No quiero que me mires!".

Sus padres estaban muy preocupados porque Bart se metía en un lío distinto cada día por sus sonrisas y sus respuestas de "¡Claro que sí!". Lo mandaron a terapia donde lo trataron con baños de gelatina roja (Jello). Le preguntaron: "¿Quieres otro baño de gelatina roja?". Bart les respondió: "¡Claro que sí!". Era obvio que esta terapia no iba a ser exitosa, así que lo mandaron a una terapia de corte de uñas. Hora tras hora le cortaron las uñas cada vez más cortas y más cortas para quitarle las sonrisas. Pero tampoco se curó. No había otro remedio que hacerle una operación para curarlo.

Bart iba en camino al hospital para la operación cuando vio al abusón nuevamente. Le dirigió una gran sonrisa. El abusón se enojó y le dijo: "No quiero que me mires". Bart lo miró asombrado y el abusón le preguntó: "¿Quieres pelear?". Bart le respondió: "¡Claro que sí!" El abusón agarró a Bart del brazo y Bart se cayó fuertemente al suelo. Se golpeó la cabeza y estuvo inconsciente durante 3 horas y media. Cuando se despertó, miró al abusón y éste le dijo: "¡No quiero que me mires! ¿Entendiste? ¡NO QUIERO QUE ME MIRES!". Como Bart **lo seguía mirando**[3], el abusón le preguntó si quería más. Bart le contestó: "No, gracias".

  [1]astonished   **[2]bully**   **[2]continued looking at him**

Mini-lectura #2 para Mini-cuento B

 siguió mirando   *la mejilla*   *mentía*

Version 1
Una vez Drácula se cansó de ser malo y decidió vivir fuera de su **ataúd**[1]. Él se golpeó la mejilla para despertarse y se fue a pie hasta la escuela porque quería ser maestro de español. El problema es que Drácula no sabía hablar español, pero le mentía a todo el mundo, diciéndole que hablaba muy bien. Al llegar a la escuela, le mintió al director y el director le ofreció trabajo. Drácula le dio un besito en la mejilla, le miró el cuello y le dijo: "Gracias". El director vio los colmillos. Mientras le besaba las mejillas, el director siguió mirando los **colmillos**[2] y Drácula siguió mirándole el cuello al director. El director se puso nervioso y le dijo: "No quiero que me mires".

Drácula dejó de mirarlo y después el director invitó a Drácula a ver una película para los empleados nuevos. Drácula entró a la sala de cine y se sentó a ver la película. Era muy aburrida, pero él siguió mirándola. De repente, las ventanas se abrieron y había mucho sol. Drácula se levantó y gritó: "¡Qué lindo día! ¡Me encanta mirar el sol!". Él mentía. Drácula no miró el sol sino que siguió mirándole el cuello al director.

 [1]coffin   **[2]fangs**

Version 2

Una vez Drácula se cansó de ser malo y decidió vivir fuera de su ataúd. Un día, se golpeó la mejilla para despertarse y se fue a pie hasta la escuela. Él quería ser maestro de español, aunque no hablaba español. Pero a él le encantaban los besitos que se dan los latinos en las mejillas. Él quería besar las mejillas de sus alumnos y mirarles el cuello y enseñarles mucho. Fue a la escuela y pidió trabajo. Vio a la coordinadora de español y le miró el cuello. Después le dio un besito y siguió mirando a la coordinadora. La coordinadora vio los **colmillos**[1] de Drácula y mientras éste la besaba, ella siguió mirándole los colmillos. Después tuvo una entrevista con el director, a quien le siguió mirando el cuello mientras el director le miraba los colmillos. Como no sabía hablar español, en cada entrevista él mentía y decía a todos que hablaba muy bien español.

Por fin, le ofrecieron trabajo como profesor de español. Como no sabía mucho español, Drácula enseñaba la misma lección cada día, la de los besitos en las mejillas. Con cada besito en la mejilla, los estudiantes le miraban nerviosamente los comillos. Los estudiantes se cansaron de los besitos en las mejillas y se quejaban al director: "Drácula no sabe español. Él mintió acerca de sus habilidades. No habla español; sólo sabe dar besitos en las mejillas". Sin embargo, Drácula siguió enseñando español, siguió dando besitos y siguió mirando cuellos. Todo el mundo sabía que él mentía pero tenían miedo de despedirlo porque tenía colmillos grandes.

Un día, el director le dijo que tenía que dar la clase fuera. Pero ese día estaba muy nublado, casi oscuro, y no afectó a Drácula. Drácula siguió dando besitos en las mejillas mientras enseñaba español fuera del aula. Al día siguiente, el director cambió su aula por una que tenía una ventana más grande que una puerta. Drácula no se preocupó; en la ventana, pintó una pintura de latinos dando besitos en las mejillas. Así, no pasó el sol.

Al otro día el director invitó a Drácula a ver una película. Llevó a su clase a la sala de cine. La película era muy aburrida pero él siguió mirándola porque era una película de Frankenstein y él nunca había visto una película de Frankenstein. Él siguió mirando la película hasta que las ventanas se abrieron. Había mucho sol, y Drácula gritó porque creía que iba a **derretirse**[2]. La mejilla derecha se le derritió. Todos los estudiantes siguieron mirándolo. Luego, también se le derritió la mejilla izquierda. Todo el mundo siguió mirándolo. Nadie había visto algo tan asqueroso. Una estudiante le gritó: "¡Oye guapo!" (Pero ella mentía). Todos mentían y le decían: "¡Qué guapo eres!". Todos mentían porque no querían que Drácula se diera cuenta de que estaba derritiéndose. Finalmente, Drácula se derritió completamente, y al instante, todos los estudiantes se dieron besitos en las mejillas.

[1]**fangs**　　　　　　　　[2]**melt**

Mini-lectura #1 para Mini-cuento C

capturaron　　　no quiero que sepan　　　un ladrón

Version 1

Héctor era un ladrón de calcetines de colores. Héctor, el ladrón, guardaba muy bien los calcetines que robaba. Su novia, Josefa, que también era ladrona, era la única que sabía que a Héctor le gustaban los calcetines de colores. Un día le preguntó a Héctor por qué robaba y guardaba calcetines. Héctor le dijo: "¡Sh! No quiero que sepan mis amigos que robo calcetines de colores. Y no quiero que sepa mi familia, tampoco. Mi papá era ladrón, pero era muy mal ladrón. Un día, fue a robar unos calcetines de colores para mí y lo capturaron. Y yo nunca tuve los calcetines. No repitas esta historia. No quiero que nadie sepa que robo calcetines de colores".

Un día, capturaron a Héctor con una bolsa muy grande. Cuando lo capturaron, encontraron que tenía 1358 calcetines de colores en la bolsa. Un investigador le preguntó: "¿Por qué robaste tantos calcetines?". Héctor le respondió: "No quiero que nadie sepa, pero mi novia, colecciona calcetines de colores". Josefa leyó este título en el diario: "CAPTURARON AL LADRON DE LOS CALCETINES. Dijo el ladrón: 'No quiero que sepan, pero son para mi novia", y se enojó tanto que decidió nunca más ponerse de novia con un ladrón.

Version 2

Héctor era un ladrón muy especial. Héctor era un ladrón de calcetines. Héctor robaba calcetines de colores. Héctor entraba a las casas y no robaba dinero ni joyas. Héctor, el ladrón, guardaba muy bien los calcetines que robaba. Su novia, Josefa, que tambіén era ladrona, era la única que sabía que a Héctor le gustaban los calcetines de colores. Héctor siempre le decía: "No quiero que nadie sepa que soy ladrón", pero en realidad Héctor pensaba: "No quiero que sepan que robo calcetines". Josefa se **había enterado**[1] por casualidad de que Héctor era ladrón de calcetines.

Un día, Josefa y su hermano habían visto a Héctor con una bolsa de calcetines y le habían preguntado: "¿Por qué robas y guardas calcetines?". Héctor les dijo: "¡Sh! No quiero que sepan mis amigos que robo calcetines de colores. Y no quiero que sepa mi familia, tampoco. Mi papá era ladrón, pero era muy mal ladrón. Un día, fue a robar unos calcetines de colores para mí y lo capturaron. Y yo nunca tuve los calcetines. No repitas esta historia. No quiero que nadie sepa que robo calcetines de colores. Mi mamá también era ladrona. A ella nunca la capturaron, pero no le gustaba robar calcetines porque se acordaba de mi papá y se ponía triste".

El misterio del ladrón de calcetines tenía a la ciudad intrigada. La policía no podía capturar a Héctor porque era muy buen ladrón. Todas las noches entraba en 10 o 12 casas y robaba los calcetines. Un día, casi lo capturaron, pero Héctor se escapó. Otro día, la policía vio a un ladrón salir de una casa y lo capturó, pero no era Héctor. En tres meses, Héctor robó los calcetines de todas las casas de la ciudad y no lo capturaron. La policía seguía distintas **pistas**[2] pero nunca capturaron al ladrón. No lo capturaron de día, ni lo capturaron de noche. Los vecinos estaban tan cansados de que les robaran los calcetines que decidieron no usar calcetines nunca más. Así, Héctor tuvo que mudarse a otra ciudad donde la gente usara calcetines.

[1]realized, discovered   **[2]clues**

Mini-lectura #2 para Mini-cuento C

estaba muy cansado   oscura   descansó

Version 1

Carlos es un muchacho que siempre estaba cansado. De día, siempre estaba cansado. Por la noche, cuando estaba oscuro, Carlos descansaba, pero nunca dormía bien, por eso siempre estaba muy cansado. Sus padres se preocupaban mucho y le dieron vitaminas para ayudarlo. Pero esto no lo ayudó. Él era muy sano, pero estaba muy cansado. Los padres no descansaban porque se preocupaban mucho por Carlos. Un día, decidieron dejar las luces prendidas 24 horas al día, aunque estuviera oscuro o soleado, pero esto no lo ayudó tampoco. Otro día, decidieron dejar las luces apagadas 24 horas al día, aunque estuviera oscuro o soleado, pero esto no lo ayudó tampoco.

Por fin, lo llevaron al doctor y el doctor descubrió que le faltaban los **párpados**[1] y por eso no podía dormir bien. Le dio dos opciones: 1.) Hacer una operación para ponerle párpados o 2.) Ponerse dos **curitas**[2]. Carlos estaba demasiado cansado para hacerse una operación, así que decidió ponerse dos curitas2 . Esto lo ayudó y ahora duerme muy bien.

[1]**eyelids**   [2]**bandaids**

Version 2

Carlos es un muchacho que siempre estaba cansado. Cuando era de día, siempre estaba cansado. Cuando fuera estaba oscuro, él descansaba. Él siempre estudiaba en su casa pero el problema era que si estaba oscuro, descansaba. Y si era de día, estaba cansado. Nunca se sentía despierto. Un día, la sala de estar donde estudiaba estaba un poco oscura y así sus ojos se cerraron y Carlos descansó. Su mamá le compró una lámpara para él, pero cuando estaba prendida, parecía de día y entonces Carlos estaba muy cansado. Dos días después, la lámpara estuvo prendida durante las veinticuatro horas y Carlos estuvo cansado durante veinticuatro horas. Luego la apagó y descansó durante veinte horas.

Los padres de Carlos estaban muy preocupados por él y decidieron llevarlo a ver al Doctor Oscuro, especialista en este tipo de problema. Carlos y sus padres fueron a pie a ver al doctor Oscuro. El día estaba muy soleado y Carlos estaba muy cansado. De repente, empezó a llover y el día se puso muy oscuro. Carlos se acostó a dormir. Él descansó unos minutos. Su padre estaba desesperado y llamó al Doctor Oscuro por teléfono. El padre dijo: "Doctor Oscuro, por favor, necesito que venga urgentemente. Está muy oscuro porque llueve, y mi hijo nuevamente descansa aquí mismo en el medio de la calle. Por favor, estamos en Avenida Oscura y calle Clara".

El doctor Oscuro llegó en menos de tres segundos. Él revisó a Carlos en el medio de la calle y les explicó a los padres que Carlos sufría de una enfermedad llamada "Oscuratitis Aguda". Luego le aplicó una inyección a Carlos y lo despertó. Carlos dijo: "Está muy oscuro aquí" y descansó nuevamente. Descansó durante tres segundos y esta vez el Doctor Oscuro le operó de emergencia el cerebro. Cambió su cerebro de lugar; el lado izquierdo a la derecha y el lado derecho a la izquierda. Carlos se despertó y era obvio que la operación todavía no lo había ayudado. El doctor siguió operando.

Luego, el Doctor Oscuro cambió de lugar los ojos de Carlos; el ojo izquierdo a la derecha y el ojo derecho a la izquierda. Carlos se despertó y era obvio que una vez más la operación no lo había ayudado. El doctor siguió operando. Esta vez el doctor cambió de lugar las orejas de Carlos; la oreja izquierda a la derecha y la oreja derecha a la izquierda. Carlos se despertó y era obvio que una vez más la operación no lo había ayudado. El doctor siguió operando. El Doctor Oscuro operó a Carlos durante tres días y tres noches. Por fin, el doctor le cambió la lengua. Le puso la parte de adelante para atrás. De repente, Carlos se despertó y comenzó a saltar y a correr. Corrió por la Avenida Oscura y corrió por la calle Clara. Había muchas chicas modelos de Cover Girl en la Avenida Oscura y en la calle Clara. Todas las chicas lo miraban porque, luego de la operación, además de sentirse mejor, también se veía más guapo. ¡Qué afortunado!

Mini-lecturas para *¡Cuéntame mucho!*

Mini-lectura #1 para Mini-cuento D

pisaba   aplastaba/aplastó   un vecino

Version 1

Mi vecino Tomás usa unos zapatos enormes. En las fiestas ninguna chica quería bailar con mi vecino porque les pisaba los pies. Los perros y los gatos se alejaban de mi vecino, porque les pisaba la cola sin querer. Los maestros y profesores no querían conversar con mi vecino Tomás, porque mientras conversaba les pisaba los zapatos y los ensuciaba.

Un día, tuvimos una invasión de **hormigas**[1] en la ciudad. Les tiramos pesticidas, pero no se morían. Encendimos fuego dentro de los hormigueros, pero no se morían. En casi todas las casas había muchas hormigas. Pero no había hormigas en la casa de Tomás porque Tomás las aplastaba con sus enormes pies. Mi papá vio las hormigas muertas y tuvo una idea. Le pagó a Tomás $ 300 por aplastar nuestras hormigas. El primer día, Tomás aplastó 298 hormigas en mi casa y el segundo día 356. En una semana, desaparecieron las hormigas de mi casa. Los otros vecinos hicieron lo mismo que mi papá. Ahora Tomás es un héroe y además es millonario. A nadie le importa si Tomás lo pisa: las chicas bailan con él, los profesores conversan con él y hasta los gatos y los perros se acercan porque siempre tiene algo rico para darles.

[1]**ants**

Version 2

Mi vecino Tomás usa unos zapatos enormes. Los zapatos de Tomás son tan grandes que los vecinos no se acercan a Tomás porque los pisa mientras conversan. Lo que es peor, no lo invitaban a sus casas porque Tomás aplastaba todas las flores de los jardines cuando entraban. Así, mi vecino Tomás siempre estaba solo.

En la escuela, los maestros y profesores no querían que Tomás estuviera en sus clases porque Tomás los pisaba cuando entraba en la clase. Tampoco lo querían los otros estudiantes porque si algo se caía al suelo lo aplastaba y en la clase de deporte, pisaba y aplastaba todas las pelotas. Por eso, Tomás estudiaba a distancia desde su casa.

Obviamente, no invitaban a Tomás a ninguna fiesta porque nadie quería bailar con mi vecino. Las chicas decían que les pisaba los pies y los muchachos que si se sentaban en el suelo, les aplastaba las rodillas. Un día, Tomás decidió cambiar su vida y ser más popular. Se anotó para participar en "Bailando con las Estrellas". Una chica aceptó bailar con él, pero la pisaba tanto que en menos de una semana, la chica tuvo que ir al hospital para operarse los pies. Otro día, Tomás se anotó en una competencia para caminar sobre el fuego. Cuando llegó el día, Tomás caminó muy bien, pero aplastó todo el fuego y tuvieron que cancelar la competencia.

Finalmente, Tomás quiso formar parte de un equipo de rescate. Su primer trabajo fue rescatar a dos personas en el medio de una montaña con nieve. Era muy difícil llegar, pero los pies de Tomás eran tan grandes que sin esquís pudo aplastar la nieve y llegar rápidamente. Al llegar, se cuidó de no pisar a ninguna persona y les pidió que se subieran a sus pies. Así, volvió con las dos personas en menos de una hora y ahora es un héroe.

Mini-lectura #2 para Mini-cuento D

tenía mucho valor   *¡Ya basta!*   *Tiraba/Tiró*

Version 1

Había una chica en mi escuela que se llamaba Ofelia. Ella era súper guapa y todos los chicos querían salir con ella. Para pedirle una cita a Ofelia, los chicos tenían que tener mucho valor. Ningún chico tenía valor para escuchar a Ofelia gritar: "No", en frente de todos. Además, ella tiraba su bolsa al suelo y repetía: "¡Ya basta! ¡Ya basta!".

A Ofelia, no le interesaban los chicos. Cuando alguno de ellos tenía valor y le pedía una cita, ella decía: "Ya basta, tengo que estudiar para mis clases", y tiraba su bolsa al suelo mientras repetía: "¡Ya basta! ¡Ya basta!". Un día el chico más guapo de la escuela, Carlos, tuvo valor y la invitó a la biblioteca. Para Ofelia, este chico tenía mucho valor. Además, la invitaba a una cita distinta y, sobre todo, era MUY guapo. Esta vez, no dijo: "No", ni tiró su bolsa al suelo. Ofelia aceptó la invitación.

Carlos y Ofelia fueron a la biblioteca y leyeron libros durante cinco horas. Por fin, el chico dijo: "Ya basta de leer. Vamos a besarnos". Ofelia se enojó, tiró los libros, dejó al chico y salió de la biblioteca. Carlos no tuvo el valor de invitarla a salir nuevamente.

Version 2

Había una chica en mi escuela que se llamaba Ofelia. Ella era súper guapa y todos los chicos querían salir con ella. Para pedirle una cita a Ofelia, los chicos tenían que tener mucho valor. A Ofelia, no le interesaban los chicos. Cuando ellos la invitaban a salir, ella decía: "Ya basta, tengo que estudiar para mis clases" y tiraba sus libros en el piso. Los libros que tiraba hacían tanto ruido que todos en la escuela se daban cuenta de que Ofelia le había dicho: "Ya basta" a algún chico. Todas las chicas de la escuela de Ofelia creían que ella era un poco tonta porque prefería estudiar y no salir con los chicos más guapos de la escuela; además, cuando Ofelia tiraba los libros, pensaban que estaba un poco loca.

Una tarde mientras Ofelia estaba estudiando para su prueba de español, el chico más guapo de la escuela, Carlos Guapísimo, se acercó a ella, tomó su libro y lo tiró al río. Ofelia estaba furiosa. Ella gritó: "¡¿Por qué tiraste mi libro?!". Carlos se rió para demostrarle que tenía mucho valor. Mientras Ofelia lloraba desconsolada y tiraba sus otros libros, Carlos reía a carcajadas. Luego le dijo: "¡Ya basta de llorar por un libro!".

Ofelia le explicó que ella había comprado ese libro por diez mil dólares. Era un libro de español con mucha información. Carlos no sabía qué hacer, porque él quería demostrarle que tenía valor para conquistar a Ofelia. Pensó y pensó y por fin tuvo una idea. Carlos buscó el libro por Internet. El libro se llamaba Todo el español por sólo diez mil dólares. Carlos tenía valor para buscar el libro pero no tenía dinero. Por eso, lo único que dijo fue: "¡Ya basta de llorar!". Ofelia le dijo: "Si tienes el valor para conseguir el libro, aceptaré salir contigo".

Carlos decidió ganar el dinero porque quería tener una cita con Ofelia. Fue a su casa, y tiró todas sus cosas en el jardín para venderlas. Después, vendió su carro por mil dólares, vendió su guitarra por cien, vendió su colección de música por quinientos y su mejor ropa por cuatrocientos. Todavía faltaban ocho mil dólares, pero Carlos tenía mucho valor. Así que Carlos abandonó la escuela y consiguió trabajo en un basurero tirando la basura. Un día tiró 300 bolsas de basura, otro día tiró 500, pero para ganar bien tenía que tirar 1.000. Por eso, consiguió otro trabajo como portero en una **funeraria**[1]. Pasó un año trabajando muy duro y ganó los ocho mil dólares. Dijo: "¡Ya basta de trabajar!". Compró el libro y fue a la casa de Ofelia para regalárselo.

Cuando llegó a la casa de Ofelia, ella estaba sentada con Brad Pitt y los dos estaban leyendo un libro. Carlos tuvo el valor de acercarse y darle el libro que acababa de comprar. Entonces ella le respondió: "Gracias, Carlos. Pero ya no quiero este libro. Brad ya me compró otro libro y me demostró que tiene mucho valor". El libro de Brad se llamaba Toda el español por sólo veinte mil dólares.

[1] **funeral home**